DURCHBRUCH
Gute Ideen sind kein Zufall

CHRISTOPH BURKHARDT

mail@christoph-burkhardt.com
www.christoph-burkhardt.com

ISBN: 1500880957
ISBN-13: 978-1500880958

FÜR MANNY UND MALKI

INHALT

DANKSAGUNGEN

Danke an alle Menschen, mit denen ich in den letzten Jahren komplexe Probleme lösen durfte. Ihr seid der Grund für dieses Buch. Danke an meine Mentoren und akademischen Vorbilder für die vielen Herausforderungen und guten Ratschläge. Ihr seid der Grund, dass ich dieses Buch geschrieben habe anstatt an meiner Doktorarbeit zu arbeiten. Danke an Anna, Marius, Simon, Diana und Matze für die Inspiration und den Wein. Danke an Manny und Malki für die Komplexität, die Ihr in mein Leben bringt. Und danke an Anni, die es versteht mir auf subtile Weise mitzuteilen, wenn meine Theorien zu wild werden.

DIE KUNST KOMPLEXE PROBLEME KREATIV ZU LÖSEN

Mythos und Wirklichkeit

Es ist 7.10 Uhr, der Wecker gibt nicht auf, mein Tag beginnt. Mein Gehirn beginnt sofort und ohne meine Anweisung mit der Arbeit. Was steht heute an? Was wird passieren? Was muss ich tun? Mit wem werde ich sprechen? Nach dem ersten Kaffee bemüht sich auch der Rest von mir langsam in den Tag und meinen Anzug. Ich habe einen seltsamen Job. Heute werde ich den Tag bei einer großen Fluggesellschaft verbringen, mit Menschen arbeiten, die Innovationen voranbringen wollen. Mein Job ist es Menschen auf eine komplexe Aufgabe vorzubereiten, die von soviel Mythos umgeben ist, dass ich mich selbst manchmal ertappe einer guten Story zu glauben und nicht genauer hinzusehen. Aber genau dafür werde ich bezahlt: für das 'genauer Hinsehen', das Enttarnen, Entdecken und Entwickeln eines Mindsets, einer Denkgewohnheit und einer Überzeugung, die den Unterschied macht zwischen Menschen, aus denen Innovatoren werden und Menschen, die das nicht schaffen. Meine Aufgabe besteht darin Menschen zu Innovatoren zu machen, sie also vorzubereiten Dinge zu verändern, einen Unterschied zu machen, Paradigmen zu wechseln und mit außergewöhnlichen Ideen komplexe Probleme zu lösen.

Angefangen hat das alles vor 5 Jahren als ich zum ersten Mal bei Google war, um Innovatoren bei der Arbeit zu beobachten. Das war in Bangalore, Indien und nach Interviews mit dem Google Vice President und diversen Managern anderer High Tech-Unternehmen, den meisten aus Biotechnologie und Software-Entwicklung, war ich gefesselt von Innovationen und wie sie zustande kamen. Bis heute lässt mich diese Faszination aus zwei Gründen nicht los. Zum einen ist die Komplexität des Themas enorm und jedes Mal, wenn ich denke ich habe es verstanden, taucht ein Fall auf, der mir das Gegenteil beweist. Der zweite Grund liegt in den Menschen, mit denen ich arbeite. Fast täglich lerne ich Menschen kennen, die den Willen und die Fähigkeiten mitbringen die Welt zu verändern und viele von ihnen tun dann auch genau das. Es lässt sich gar nicht verhindern, dass sich die Begeisterung und Durchsetzungskraft dieser Menschen wie ein Virus auf mich überträgt. Als Kognitionspsychologe bin ich überwältigt von den kognitiven Leistungen von Menschen ganz allgemein, aber ganz besonders von denen, die es schaffen durch ihr Denken und ihre Ideen einen Beitrag zum Fortschritt und Wohlergehen der Menschheit zu leisten.

In den vergangenen fünf Jahren habe ich über 1000 dieser Menschen beim kreativen Problemlösen beobachtet und analysiert. Vom StartUp-Gründer über die Spitzen-Professorin bis hin zum globalen Top-Manager habe ich Menschen in komplexen Problemen begleitet. Die jeweiligen Strategien und Herangehensweisen waren unterschiedlich wie auch die Probleme, denen sich meine Klienten ausgesetzt sahen, aber bei genauem Hinsehen nicht fundamental verschieden. Im Denken sind wir alle sehr ähnlich. Über was wir nachdenken, mag unterschiedlich sein, aber wie wir nachdenken ähnelt sich erstaunlich. Ob Unternehmer, Professor, Manager oder Opernsänger, wir benutzen die gleichen kognitiven Strukturen und sehr ähnliche Werkzeuge - wie unser Gehirn - um uns Problemen zu nähern. Das bedeutet nicht, dass wir alle gleich sind oder dass wir genetische Dispositionen in uns tragen, die uns alle gleich denken lassen. Viel wahrscheinlicher ist, dass wir alle in Situationen aufwachsen, in denen ähnliche Werkzeuge zum Erfolg führen. Ich habe immer gehofft irgendwann wissenschaftliche Antworten auf meine Fragen bezüglich dieser Werkzeuge zu bekommen, habe aber schnell gelernt, dass sich Wissenschaftler in meinem Bereich nicht gerne mit dem beschäftigen, was in komplexen Problemen tatsächlich passiert, wie also Menschen im realen Leben mit diesen umgehen. Stattdessen suchen viele Wissenschaftler nach ganz spezifischen

Ursachen und sehr abstrakten Unterschieden zwischen Menschen wie etwa ihrer Intelligenz, ihrer Persönlichkeit oder ihren Einstellungen.

Verstehen Sie mich nicht falsch, diese Forschung hat hohen Wert und bietet viele Ansätze für Antworten. Nur kommen die Antworten auf meine Fragen letztendlich aus der Praxis. Wissenschaftler sprechen dann gerne von der Lücke zwischen Theorie und Praxis und vereinfachen damit ein komplexes Problem, für dessen Lösung am Ende niemand verantwortlich zu sein scheint. Ich möchte mit meiner Arbeit durch Erkenntnisse beitragen, die keinen Unterschied machen zwischen Wissenschaft und Praxis, zwischen Theorie und Empirie, zwischen Daten und Erfahrungen. Denn letztendlich arbeiten alle am gleichen Ziel: dem Verstehen und Beeinflussen von dem, was um uns herum passiert. Da dies ein überaus komplexes Vorhaben ist, brauchen wir mehr als nur eine Brücke zwischen Theorie und Praxis. Wir brauchen ein völlig neues Verständnis von komplexen Problemen, von Innovationen, von guten Ideen und von den Menschen, die sie möglich machen. Wir brauchen eine neue Sicht auf uns selbst.

Wo also sollten wir nach Antworten suchen? Wen sollten wir fragen? Wissenschaftler? Menschen in der Praxis? Große Innovatoren, Vordenker oder gar Philosophen? Oder sollten wir einfach hinhören, was unser Bauchgefühl uns sagt? Ich will Sie in diesem Buch überzeugen, dass es sich lohnt jeden zu fragen, um zu verstehen, wie es wirklich ist, aber nicht auf alle zu hören. Als ich in die zweite Klasse kam, verbrachte ich mit meiner kleinen Schwester - die war damals noch im Kindergarten - ein Wochenende bei meiner Großmutter. Oma Lisl ist zugegeben nicht gerade einfach im Umgang, sie hat verrückte Ideen, glaubt an Geister und Hexen, zu denen sie sich selbst auch zählt und sie hat ein sehr interessantes Verständnis von Gesprächsführung, was sie zu einem anstrengenden Gesprächspartner macht. Kurz um, meine Oma ist ein Spinner, aber ein ganz großartiger Spinner.

Ich war also mit meiner Schwester an jenem Wochenende bei meiner Oma in ihrer kleinen Wohnung am Rande Stuttgarts und meine Oma hatte entschieden, dass es an der Zeit war mir zu erklären, was Nonkonformismus ist. Ich war 7 Jahre alt. Meine Oma hielt das für den richtigen Zeitpunkt. Sie nahm einen Stuhl und balancierte ihn auf ihrem Kopf, während sie mir erklärte, dass Konformisten einen Stuhl sehen, auf den man sich setzt, der zu einem Tisch gehört und den man sich nicht auf den Kopf setzt. Ein Nonkonformist dagegen sehe alles andere, eine Kopfbedeckung, ein Sportgerät, eine Hundehütte oder einen Schlitten. Stellen Sie sich einen siebenjährigen Jungen vor, der gerade erfährt, dass man einen Stuhl für alles nutzen darf, was man will. Ich war begeistert. Oma Lisl fuhr fort mir zu erklären, dass diese Art zu denken nicht auf Gegenstände beschränkt sei, sondern auf alles in unserem Leben ausgeweitet werden könne. Jetzt wurde es richtig interessant. Oma Lisl verkündete, dass an diesem Wochenende jeder essen dürfe, was er will und wann er will. Sie können sich vorstellen, dass meine Begeisterung ins Unermessliche stieg. Totale Freiheit, Aufhebung aller Restriktionen, alles meine Entscheidung. Großartig. Jetzt wurde auch meine kleine Schwester aufmerksam, die bisher eher teilnahmslos dabei gesessen war. "Ich will einen Schokokuchen" sagte meine Schwester, "dann müssen wir einen backen" sagte meine Oma und so machten wir uns daran einen Schokokuchen zu backen. Es war gegen 15 Uhr als der Kuchen dann aus dem Ofen kam und meine Oma sagte "Abendessen ist fertig". Während wir den warmen Kuchen aßen erläuterte Oma Lisl weiter, dass Menschen Frühstück, Mittagessen und Abendessen als gegeben annehmen. Dabei gebe es keinen Grund nicht völlig anders zu essen. Ich verstand nicht wirklich, was meine Oma damit meinte, aber ich stimmte ihr voll und ganz zu. Schließlich war die Erfahrung toll. Meine Mutter sah das anders und verhinderte längere Besuche bei meiner Oma bis auf weiteres.

Wenn ich sie heute darauf anspreche, berichtet sie davon, wie verstört und durcheinander ich gewirkt habe als ich von meiner Oma zurück nach Hause kam. Dass ich für eine Woche große Schwierigkeiten hatte mich in Strukturen einzuordnen und dass offensichtlich, was auch immer Oma gesagt hatte mich nachhaltig beeinflusst hatte. Ich verstand nicht wirklich, was los war, konnte aber auch nicht erklären, was eigentlich das Problem war. Heute verstehe ich mehr, damals machte es mich nur traurig und sehr wütend. Oma Lisl ist eine außergewöhnliche Frau. Im wahrsten Sinne des Wortes denkt und lebt sie außerhalb des Gewöhnlichen. Ich habe früh von ihr gelernt, was es bedeutet normal und nicht normal zu sein und wie bedrohlich es für andere sein kann, wenn jemand nicht normal denkt oder lebt. In vielen Momenten in meinem Leben bin ich Menschen begegnet, die anders denken. Über die Jahre habe ich eine Faszination für diese Menschen und ihr Denken entwickelt, die mich nicht mehr loslässt. Mit dieser Faszination wuchs der Drang zu verstehen, wie es dazu kam, dass wir normales und außergewöhnliches Denken entwickelt haben. Wie kommt es, dass wir heute so sind wie wir sind? Auf meiner Suche nach Antworten landete ich in der Psychologie, der Wissenschaft menschlichen Denkens und Verhaltens. Was ich fand, hat mein Denken für immer verändert.

Unser kognitiver Apparat und mit ihm unser Denken haben sich über Jahrtausende entwickelt um mit einer Welt umzugehen, die uns mit Informationen überschüttet. Von den Informationen in der Welt können wir nur einen Bruchteil verarbeiten. Die größte Aufgabe unseres Gehirns ist es also Informationen zu ignorieren und Gedanken zu eliminieren, die nicht unbedingt notwendig sind. Aber notwendig für was? Während wir noch vor einigen hundert Jahren viel unserer kognitiven Kapazitäten für unser pures Überleben verwenden mussten, müssen wir das heute nicht mehr so häufig. Als wir unsere neu gewonnenen Kapazitäten für Fortschritt einsetzten, für Innovationen, Veränderungen und Anpassungen, haben wir alte Denkmuster auf neue Probleme übertragen. Viele unserer Denkmuster funktionierten sehr gut in dieser neuen Umgebung, in Städten, Kulturen und ganzen Gesellschaften. Einige andere funktionierten weniger gut. Entscheidend ist aber, dass wir jetzt in einer Welt leben, in der durch die Anzahl beteiligter Personen eine Komplexität entstanden ist, für die viele Denkgewohnheiten nicht mehr passen. Wir haben uns kognitiv angepasst an eine Welt, in der wir nicht mehr leben. Was bedeutet das? Für den Einzelnen bedeutet das Fehlentscheidungen durch falsche Mythen, subtile Denkfehler und manipulierte Überzeugungen. Für die Welt bedeutet das eine Menge Ärger. Erleben können wir die Denkgewohnheiten der Welt tagtäglich, wenn es beispielsweise um die Erhaltung unseres Klimas geht. Offensichtlich ist der Klimawandel ein komplexes Problem, das keine einfache Lösung hat. Die Lösung muss vielmehr eine Vielzahl an Interessen und Intentionen abwiegen und möglicherweise braucht es eine Menge vernetzter Ansätze um der Lage Herr zu werden. Aber der entscheidende Punkt ist, dass das Problem Klimawandel sich durch individuelle Denkgewohnheiten verschlimmert. Denkgewohnheiten, die mit Konsum und Bequemlichkeit zu tun haben oder mangelndem Bewusstsein und falscher Berichterstattung.

Es ist eine unnütze Frage nach den Schuldigen zu suchen. Das ist es in komplexen Problemen immer. Vielmehr lohnt sich der Fokus auf ein typisches Phänomen, bei dem jeder einzelne logisch handelt und dabei trotzdem das System leidet. Ökonomen kennen eine Reihe dieser Dilemmata, in denen die Interessen des Einzelnen gegen die Interessen aller stehen. So ist für den einzelnen Fischer das Ausbeuten von Fischbeständen normale Lebensgrundlage. Da dies aber für viele Fischer zutrifft, kommt es zur Überfischung, an der paradoxerweise am Ende alle Fischer leiden, weil kein Fisch mehr da ist. In diesem Szenario haben wir es mit einem relativ einfachen Problem zu tun, bei dem wir viele Faktoren verstehen, erkennen und bekämpfen können. So zum Beispiel durch Fangquoten. Bei komplexeren Problemen zeigt sich der Widerspruch zwischen dem Denken des Einzelnen und dem Interesse des Gesamtsystems auch, nur ist es viel schwieriger Lösungen zu finden, da wir fast nichts über die Zusammenhänge im Problem wissen. Hier kommen Innovatoren ins Spiel. Können wir nun trotzdem dafür sorgen, dass sich unser Denken dieser neuen Komplexität in der Welt schneller anpasst? Können wir lernen anders zu denken? Können wir dafür sorgen, dass wir in komplexen Situationen auf neuartige Ideen kommen, die Probleme nachhaltig lösen?

Als Kognitionspsychologe bin ich seit Jahren auf der Suche nach den Denkgewohnheiten, die in komplexen Problemen zur Lösung führen. Ich hatte Glück schon in meinem ersten Semester an der Universität Heidelberg in die Komplexität von Problemen einzutauchen. Mein Professor war Joachim Funke, ein absoluter Experte für komplexes Problemlösen, der uns Neulinge am ersten Tag mit einer überraschenden Nachricht erwartete. "Sie werden für Ihre Studien eine Ratte brauchen" sagte er direkt nach einer kurzen Begrüßung. Auf der Folie an der Wand erschien das Bild eines Rattenkäfigs. "Wir wissen, dass Experimente mit Tieren kritisch gesehen werden, aber an dieser Universität sind sie unumgänglich" sagte Professor Funke und blickte in teils verwunderte, teils erschrockene Gesichter. “Wir bieten Ihnen dieses Rattenset an, es kostet 25 Euro. Tragen Sie sich einfach in die Liste ein, wenn Sie unser Angebot wahrnehmen möchten”. Obwohl ich mich dabei überhaupt nicht wohl fühlte, trug ich meinen Namen ein. Als die Liste wieder bei Professor Funke angekommen war, sagte er nur trocken “Sie müssen lernen, Autoritäten zu misstrauen”. Wir waren bis auf einige wenige alle auf einen Erstsemester-Streich hereingefallen. Forschung an Ratten war nicht einmal erlaubt am Department. Den Streich fand ich nur mittelmäßig gelungen, aber Professor Funke hatte großen Spaß. Viel interessanter war allerdings, was als nächstes kam. Auf der nächsten Folie hatte Professor Funke eine Art Comic-Maus in einem Käfig abgebildet, der wie eine sehr billige Pixar-Animation aussah. Professor Funke erklärte, dass es keinen Bedarf für uns gab eine echte Ratte zu trainieren. Wir könnten eine Software nutzen, die eine digitale Ratte zu Experimentalzwecken mit ausgeklügelten Algorithmen ausgestattet habe. An dieser Stelle war ich sicher es müsse sich um einen weiteren Scherz handeln, doch Professor Funke meinte es vollkommen ernst. Die digitale Ratte ließ sich konditionieren und trainieren wie ihre lebenden Artgenossen. Für den Rest des Tages dachte ich darüber nach, ob das sinnvoll war, beziehungsweise ob wir so zu Erkenntnissen kommen könnten. Am Ende des Tages hatte ich einen ersten Denkfehler identifiziert.

Eine Gruppe Wissenschaftler hatte sich hingesetzt und so getan als wüssten sie alles über Ratten, wobei alles, was sie wirklich wussten, das war, was sie beobachten konnten. Keiner wusste, was oder wie die Ratte dachte. Klar war nur, für Futter würde die Ratte einiges tun. Warum genau aber, konnte keiner wissen. Wie konnte man dann eine digitale Ratte bauen, die sich in bestimmten Situationen verhalten konnte wie eine echte? Stellen Sie sich vor, wir würden Medikamente nicht mehr an echten, sondern nur noch digitalen Ratten testen. Würden Sie einem solchen Test vertrauen? Ich nicht, denn das würde bedeuten den Menschen zu vertrauen, die die Ratte programmiert hatten und die wussten nur minimal mehr über Ratten als ich. Lebende Ratten sind das Produkt einer hoch komplexen Evolution, digitale Ratten das Produkt menschlicher Fantasie. Die zwei hatten so viel gemeinsam wie ein Heizkörper und ein Lagerfeuer. Einige Jahre später kann ich mit gutem Gewissen sagen, dass ich die digitale Ratte in der Forschung noch immer für sinnfrei halte, aber im Vergleich zu anderen Vorschlägen, mit denen Wissenschaftler von Zeit zu Zeit kommen, ist sie geradezu genial.

Der Grund für die Probleme in unserem Denken liegt in der Komplexität, von der wir umgeben sind. Diese Probleme bestehen aus so vielen Teilproblemen, dass es unmöglich ist sie als Ganzes zu erfassen. Wir können komplexe Probleme immer nur teilweise verstehen, müssen aber trotzdem Entscheidungen treffen, die oft gravierende Auswirkungen haben auf uns und unsere Mitmenschen. Wenn wir die Welt betrachten wie sie ist, sehen wir vieles, wissen allerdings fast nichts. Komplexität sorgt dafür, dass unser Verständnis von Problemen immer nur eine Annäherung daran sein kann wie die Welt wirklich funktioniert. Unser Verständnis ist von Natur aus begrenzt. Trotzdem denken wir ununterbrochen nach über diese Welt, wir suchen nach Regeln und Mustern bis wir welche finden. Wir müssen uns also fragen, woher diese Gedanken kommen. Denn nach ihnen formen wir unser Leben.

Haben Sie sich je gefragt, woher Ihre Gedanken eigentlich kommen? Können Sie entscheiden, was Sie gerade denken? Kann ich beeinflussen, was Sie gerade denken? Woher unsere Gedanken kommen, ist eine unbeantwortete Frage. Keiner weiß, was da wirklich passiert in unseren Köpfen. Wir wissen nicht einmal genau, ob es wirklich in unseren Köpfen passiert. Es ist also absolut legitim zu hinterfragen, wie viel unseres Denkens einfach so passiert und wie viel in unserer Hand liegt. Sicher ist unser Denken nicht perfekt, unser Gehirn ist keine berechnende Maschine, kein Computer. Unser Denken funktioniert eher wie die digitale Ratte. Mit vielen scheinbar funktionalen Eigenschaften, im Kern aber mit vielen Fehlern und Vereinfachungen, für die es zwar Erklärungen, aber nicht wirklich Rechtfertigung gibt. Wir alle arbeiten mit Denkgewohnheiten, manchmal agieren wir automatisch, manche Gewohnheiten sind subtiler, andere sehr sichtbar, aber alle beeinflussen unser Denken. Obwohl wir von unseren Denkgewohnheiten und Fehlern wissen, obwohl wir wissen, dass unser Denken nicht perfekt ist, handeln wir so als ob. Uns selbst gegenüber, als auch unseren Freunden, Familien, Vorgesetzten, Mitarbeitern, Kunden oder Kollegen gegenüber verhalten wir uns häufig so als ob wir wüssten, was richtig ist, als ob wir wüssten, was die Zukunft bringt. Und obwohl wir erleben, wie häufig wir daneben liegen, zum Beispiel beim Vorhersagen der Zukunft, hält uns das nicht ab es immer wieder zu versuchen. Es scheint als ob es für unser Überleben wichtiger ist, überhaupt eine Vorhersage zu treffen als mit ihr richtig zu liegen. Fakt ist, wir liegen mit unserer Vorhersage über den Erfolg von Ideen häufiger falsch als uns lieb sein kann.

Wenn wir unseren Denkgewohnheiten folgen und gute Ideen nicht erkennen beziehungsweise nicht so gute Ideen für gute Ideen halten, wie kommt es dann zu Fortschritt? Wenn nicht die besten Ideen überleben, sondern irgendwelche, wie kommt es dann dazu, dass wir uns als Menschheit überhaupt weiterentwickeln? Oder entwickeln wir uns gar nicht weiter? Wird die Welt besser oder verändert sie sich nur? Mir sind Menschen begegnet, die sehr plausibel argumentieren, dass sich Geschichte im Kreis drehe und wir drehen uns mit. Was sich wie Innovation und Fortschritt anfühle, sei eine Illusion angetrieben von unserem Bedürfnis eine sinnvolle

Existenz zu führen. Auch wenn es plausibel erscheint, fand ich diese Hypothese nie wirklich überzeugend. Es erinnerte mich zu sehr an die Gottesdienste, in denen mein Vater von der Kanzel predigte, in der kleinen Kirche, in der ich als Kind viel Zeit verbrachte und manchmal sogar zuhörte. Immer, wenn eine wirklich interessante Frage kam, meist eine nach dem "warum das alles?", immer dann hatte die Antwort einen großen Anteil von "Gottes Rätselhaftigkeit" in sich. Immer wenn sich Menschen entscheiden etwas zu tun, müssen sie sich später rechtfertigen. Wenn ich also erwischt wurde, Süssigkeiten aus der Kiste ganz oben im Schrank zu klauen, galt die Antwort "Gott wollte es so" nicht.

Der Punkt ist, dass ich mich nicht zufrieden geben kann mit Erklärungen, die wirklich spannende Fragen einseitig beantworten und von einseitigen Erklärungen gibt es jede Menge: die Hand Gottes, die unsichtbare Hand des Marktes, unsere genetische Evolution. Es spielt keine Rolle, ob Religion, Ökonomie oder Naturwissenschaft. Alle arbeiten mit Annahmen, mit Überzeugungen und Schlussfolgerungen, die auf Denkgewohnheiten beruhen, die uralt sind. Verstehen Sie mich nicht falsch. Ich zweifle nicht an der Rolle Gottes, der Rolle des Marktes oder der Rolle unserer Gene. Ich zweifle an Erklärungen, die Komplexität ignorieren. Für mich ist nicht interessant, was die Wahrheit ist. Am Ende kämpfen alle Disziplinen darum, wer Recht hat und das ist weder relevant noch besonders sinnvoll. Wer Recht hat, hat üblicherweise nicht lange Recht. Was mich interessiert ist, wie es einige wenige Menschen schaffen, ihre Denkgewohnheiten zu überwinden und die Welt zu verändern. Durch Innovationen auf allen Gebieten, in Politik, Wirtschaft und Gesellschaft, im Sport, in der Musik, in Kunst, Literatur, in Unterhaltung und Philosophie. Ich glaube an Fortschritt und treffe damit eine Annahme, das ist mir bewusst. Aber Fortschritt ist eine Annahme, die ich vertreten kann ohne nach der Ursache zu fragen und damit eine einseite Erklärung zu provozieren. Überall gibt es Menschen, die es schaffen ihre lange trainierten Denkgewohnheiten abzulegen und auf neue Ideen zu kommen, die sich dann bei den Menschen durchsetzen, die ihre Denkgewohnheiten beibehalten haben. Wie kommen diese Innovatoren dazu komplexe Probleme anders anzugehen?

Irgendwann bin ich auf Dan Ariely[1] gestoßen, der in seinen Büchern davon ausgeht, dass Menschen zwar irrational handelten, aber vorhersagbar irrational. Ich hatte irrational als etwas unberechenbares, chaotisches verstanden und deswegen nie ernst genommen. Wenn Menschen aber ganz regelmäßig und immer gleich irrational sein konnten, dann musste da mehr dahinter stecken. So kam ich zu meiner ersten wichtigen Erkenntnis über menschliches Problemlösen. Wir alle haben die Fähigkeit unser eigenes Denken zu manipulieren. Manipulieren klingt zunächst negativ, aber stellen Sie sich vor Sie könnten Ihrem Gehirn wie einem Schulkind beibringen einen bestimmten Rechenfehler nicht immer und immer wieder zu machen. So wie Sie einem Kind beibringen können anders zu denken, können Sie das auch sich selbst und anderen beibringen. Wenn Denkgewohnheiten und insbesondere unsere irrationalen vorhersagbar sind, dann sind sie wahrscheinlich systematisch angelegt, wir haben sie also möglicherweise gelernt. Was bedeutet, dass wir versuchen können sie zu verlernen und durch angepasstere Denkgewohnheiten zu ersetzen. Allerdings ist das nicht ganz so einfach. Schließlich denken wir schon sehr lange und aus guten Gründen so wie wir denken.

In den meisten Situationen kommen wir mit unserer Art zu denken einfach schneller ans Ziel. Bei komplexen Problemen und der Suche nach innovativen Lösungen allerdings scheitern unsere

Denkgewohnheiten. Hier stoßen wir an unsere Grenzen, auf solche Probleme wurden wir nicht vorbereitet. Jetzt plötzlich gilt es kreativ zu denken, out-of-the-box und ohne Scheuklappen das Unmögliche möglich zu machen. Das ist vergleichbar mit Max, der gerade das Fahrradfahren lernt. Als Max gelernt hat sich erst mit, dann ohne Stützräder immer länger auf seinem Fahrrad zu halten, hat er eine Denkgewohnheit[2] entwickelt, die unbewusst steuert, was er an Kognitionen zum Fahrradfahren braucht. Diese Kognitionen steuern seine Muskeln, geben ihm Balance, koordinieren seinen Blick und die Richtung, in die er sich bewegt. Davon bekommt Max nicht viel mit. Das passiert alles, ohne dass er es wirklich merkt. Max merkt lediglich, dass es von Mal zu Mal besser klappt und weniger anstrengend ist. Er hat eine Denkgewohnheit gebildet. Erinnern Sie sich an Ihre Fahrschulzeit, als Sie zum ersten Mal Lenken, Schalten, Blinken und Abbiegen sollten? Eine Menge Informationen, die da gleichzeitig verarbeitet werden müssen. Nach kurzer Zeit jedoch haben Sie eine Denkgewohnheit gebildet und das Ganze geht heute fast von selbst. Als Max schließlich gelernt hat Fahrrad zu fahren ohne hinzufallen und Sie ihn dafür loben und er voller Stolz über das ganze Gesicht strahlt, fahren Sie mit Max zu einem nahe gelegenen See und erklären ihm, dass er jetzt genug Körperkontrolle hat auch schwimmen zu gehen. Max kann aber noch nicht schwimmen und er muss es genau so lernen wie er Fahrradfahren gelernt hat. Max muss eine neue Denkgewohnheit entwickeln. Körperkontrolle alleine reicht nicht. So verhält es sich mit Intelligenz beim Lösen komplexer Probleme. Wir können nicht einfach auf "kreativ" schalten und mit innovativen Ideen um die Ecke kommen, auf die sonst keiner kommen würde. Kreatives Denken erfordert neue Denkgewohnheiten und die ist mühsam zu lernen. Aber hier ist die gute Nachricht: Es geht und Sie müssen sich nicht einmal zwischen Ihren Denkgewohnheiten entscheiden. Nur weil Sie schwimmen lernen, heißt das nicht, dass Sie das Fahrradfahren verlernen. Entscheidend ist, dass Sie erkennen, ob Sie gerade auf einem Fahrrad sitzen oder Sie sich in offenem Gewässer befinden, Sie also wissen, welche Denkgewohnheit Sie gerade brauchen. Beim kreativen Denken ist das ähnlich. Sie müssen die Situationen erkennen, in denen Sie kreativ an komplexe Probleme gehen sollten, und von Situationen unterscheiden lernen, in denen kreatives Denken die falsche Strategie wäre. Ich will in diesem Buch zeigen, dass Sie aktiv entscheiden können wie Sie Ihren Kopf benutzen. Denn Sie haben eine Menge Einfluss auf Ihre Denkgewohnheiten. Die lassen sich trainieren, verändern, austauschen und entwickeln. Die Frage ist nicht, ob wir unser Denken entwickeln können. Die Frage ist, ob wir überhaupt innovativ denken wollen.

Fortschritt und Innovation

Seit Menschen diesen Planeten bevölkern entwickeln sie Neues. Fortschritt gehört als Eigenschaft zum Menschsein wie die Fähigkeit zu sprechen. Menschen entwickeln Ideen und mit ihnen sich selbst. Wir erfinden Neues, hinterfragen den Status quo und sind ununterbrochen auf der Suche nach Ideen, die die Welt und uns selbst verändern. Aber warum? Warum geben sich Menschen nicht wie andere Tiere zufrieden mit dem, was in unserer biologischen Evolution für Anpassung an die jeweils geltenden Bedingungen geschieht? Warum brauchen wir diese andere, diese so menschliche, Evolution von Ideen?

Um zu verstehen wie wir da gelandet sind, wo wir heute stehen, müssen wir verstehen, was Fortschritt eigentlich ist und was ihn antreibt. Mit dieser Frage tun sich Wissenschaftler schwer genau wie alle anderen. Viele verstehen Innovation und damit letztendlich Fortschritt als einen evolutionären Prozess, in dem Ideen generiert, entwickelt, verknüpft und aussortiert werden. Es wird eine Auswahl getroffen, welche Ideen überleben und welche sterben. Ganz im Sinne Darwins überleben dabei nicht die stärksten Ideen oder die besten, sondern die am besten angepassten Ideen. Das sind die, über die sich viele Menschen einigen können. Also keineswegs unbedingt die besten. In diesem Prozess kommt es also zur Erfindung und Umsetzung von Neuem, kurz gesagt, es kommt zu Innovation. Auch wenn ich kein Freund von radikalem Sozial-Darwinismus bin, glaube ich, dass unser Fortschritt als Menschheit weitgehend einer evolutionären Logik folgt. Viele Menschen empfinden den Kampf ums Überleben als bedrohlich, weil er so unerbittlich und unbarmherzig wirkt. Das muss er aber gar nicht sein. Nicht unbedingt überleben die Stärksten, weil sie die Stärksten sind. Häufig überleben die Kleinen und Schwachen, weil sie besser angepasst sind. Sehen Sie sich nur einmal Ameisen an. Die schaffen es durch kollektive Intelligenz schlauer zu agieren als die meisten viel größeren Tiere. Ameisen bauen ganze Städte und setzen sich Gegnern zur Wehr, die um ein vielfaches größer sind als sie selbst. Es gibt unzählige Beispiele, in denen nicht die Großen gewinnen, sondern gerade die Kleinen. Und zwar gerade deswegen, weil sie klein sind. In der Evolution von Ideen passiert etwas ähnliches. Nicht die besten Ideen überleben, sondern die, für die es gerade irgendwo einen Bedarf gibt. Und wenn es sich dabei um Katzenvideos handelt, dann sind eben Katzenvideos auf YouTube die Idee, die überlebt. Wir Menschen fragen uns häufig danach, ob das sinnvoll ist. Ich glaube, die Frage nach dem Sinn ist oft Teil des Problems. Sehen wir uns die Entwicklung von Ideen doch genauer an.

Während wir ein Problem lösen, generieren wir oft schon das nächste. Um schnell von einem Ort an den anderen zu kommen, haben wir das Auto erfunden. Um das Auto anzutreiben, brauchen wir Öl. Bei der Verbrennung schaden wir unserer Umwelt bis diese so heftig reagiert, dass wir ein Problem erkennen. Gleichzeitig wird Brennstoff immer knapper. Wir müssen Wege finden ohne Öl auszukommen. Aber wie? Und da ist sie: eine neue Fragestellung, eine Herausforderung, ein Problem, das nach einer innovativen Lösung sucht. Jetzt könnte irgendwer einwerfen, dass wir das Elektroauto auf den Weg gebracht haben, um die Frage der Verbrennung zu beantworten. Als aber das Problem der Fortbewegung durch die Verbrennung von Benzin gelöst wurde, dachten auch alle, dass dieses Problem nun gelöst sei. Genau wie damals keiner einschätzen konnte, welche neuen Fragen sich ergeben würden, so sehen wir heute nicht wirklich, welche Fragestellungen sich aus dem Elektroauto ergeben werden. Wir sind Kinder unserer Zeit, mit unseren Fragen und unseren Lösungen. Und so reiht sich eine Innovation an die andere. Genau das nennen wir Fortschritt: die unablässige Verkettung von Innovationen, aus denen sich neue Fragen ergeben, die wieder Innovationen verlangen.

Haben wir also eine Wahl, ob wir Fortschritt verfolgen? Können wir entscheiden, dass wir weniger Innovationen wollen? Nein. Das können wir nicht. Unser Fortschritt wirft Fragen auf beziehungsweise stellt uns vor Herausforderungen, denen wir uns nur durch innovative Ideen stellen können. Unsere eigenen Ideen stellen gleichzeitig die Lösung bestehender Probleme wie auch die Quellen neuer Fragen dar. Aufhören ist keine Option. Aufhören würde bedeuten, das Handtuch zu werfen. Aufhören bedeutet aufzugeben. Und wir sind nicht bereit uns aufzugeben. Ohne in biologischen Reduktionismus zu verfallen, können wir annehmen, dass Menschen überleben wollen und dass wir alles tun werden, damit es die Menschheit auch in Zukunft noch geben wird.

Trotzdem finde ich es nicht verwunderlich, dass die meisten Menschen in Unternehmen oder Organisationen kein großes Interesse haben Probleme kreativ anzugehen. Kreatives Denken bedeutet Risiko, vermittelt von der Angst ausgelacht zu werden. Unsere sozialen Motive, unser Wunsch gemocht und anerkannt zu werden, sind sehr dominant und teilweise verantwortlich für unser rasantes Fortschreiten als Menschheit. Natürlich gibt es immer wieder Einzelgänger: ausgeflippte Unternehmensgründer, Technologie-Freaks und Spinner aller Art. Bei genauem Hinsehen bekommen aber auch die nur sehr selten etwas ganz alleine hin. Menschen sind nicht dafür gemacht irgendetwas alleine zu machen. Wir können im Grunde gar nichts alleine. Alleine überleben wir nicht einmal. Ohne Nähe und sozialen Kontakt sterben Babys in kürzester Zeit. Auch wenn alle anderen Bedürfnisse gedeckt sind, kommen wir ohne den Kontakt zu anderen Menschen kaum aus. Kein Wunder also, dass wir unser individuelles soziales Überleben über das Streben nach Innovation stellen, ganz besonders im Unternehmen, für das wir arbeiten.

Aber nicht nur das. Wir sind auch noch für eine andere Sache auf andere Menschen angewiesen. Ohne sie wissen wir nicht, wer wir eigentlich sind. Unsere Identität ist in besonderem Maße geprägt davon, wer uns umgibt. Sie beruht auf dem Vergleich mit anderen. Woher wissen wir, was wir gut können? Woher wissen wir, was uns einzigartig macht? Wir wissen, wer wir sind durch die Menschen, mit denen wir umgeben. Also bilden wir Gruppen, Unternehmen und Gesellschaften. Unter bestimmten Bedingungen können und wissen Gruppen einfach mehr als Individuen.

Wir leben heute in einer Welt, in der nicht mehr nur die Ideen der neuen Generation auf den Ideen der älteren Generation aufbauen. Wir leben in einer Welt, in der jede Idee von der Existenz anderer Ideen abhängt. Es gibt schlicht keinen einzigen Menschen, der weiß, wie man ein Auto baut. Selbst der talentierteste Ingenieur kann unmöglich das gesamte Wissen besitzen, das es braucht um ein Auto zu bauen. Er weiß wie man eines konstruiert. Er weiß möglicherweise auch wie man die Teile zusammensetzt, wenn sie vor ihm liegen. Aber weiß er auch, wie man das Öl fördert, das für die Herstellung der Plastikteile benötigt wird? Weiß er, wie man die Mikrochips herstellt, auf denen der Bordcomputer läuft? Wahrscheinlich nicht, aber irgendjemand weiß es. Und der weiß wahrscheinlich nicht, wie man ein Auto konstruiert.[3] Ob wir wollen oder nicht, wir müssen für Innovationen mit Anderen kooperieren. Manchmal sogar ohne diese zu kennen. Wir brauchen also Innovationen, um mit den Problemen von Fortschritt umzugehen und damit gleichzeitig Fortschritt vorantreiben. Unsere sozialen Motive aber sorgen dafür, dass wir als Menschen so abhängig von einander sind, dass es uns schwer fällt das Risiko einzugehen selbst kreative Ideen zu teilen. Aber wir können. Wir haben Potenzial, wir müssen es nur nutzen.

TEIL 1
DAS PROBLEM

Die Welt, in der wir leben, ist komplex. Daran lässt sich nichts ändern. Menschen leben in großen Gruppen auf engem Raum. Unsere Städte werden größer, lauter und unübersichtlicher. Unsere Infrastrukturen lassen sich schwieriger planen, da immer mehr gleichzeitig passiert. Systeme werden dezentralisiert und in Wenn-Dann Szenarien verwandelt. Anstatt zu planen, was passiert versuchen wir heute auf bestimmte Events eine passende Reaktion zu formulieren. So etwa, wenn eine große Anzahl Autos in die Stadt fährt und die Straßen zu verstopfen drohen, kann durch ein flexibles Schildersystem reagiert werden und Teile des Verkehrs über andere Zugänge zur Stadt geleitet werden. Das ist smart, weil es flexibel ist und auf eine Besonderheit komplexer Probleme eingeht: ihre Dynamik.

Ein Problem mit Komplexität ist die Anzahl der Faktoren, die involviert sind. Oft merken wir gar nicht, wie komplex ein Problem wirklich ist. Wenn wir zum Beispiel überlegen, ob es in der Zukunft noch Bürogebäude geben wird, zu denen Menschen morgens alle gleichzeitig fahren und die sie dann abends auch alle gleichzeitig wieder verlassen. Gibt es dafür nicht eine Lösung, die den Verkehr in den Städten entspannen könnte? Schnell kommen uns hierbei die ersten Ideen für Lösungen, denn es scheint offensichtlich einfach das zu ändern, aber schon der zweite Gedanke gibt uns Bedenken mit auf den Weg. Was sind denn die Gründe, die dafür sorgen, dass wir alle zur gleichen Zeit in einem Bürogebäude sitzen? Koordination ist einfach, Meetings lassen sich kurzfristig einberufen, Entscheidungsträger können spontan zusammenkommen, Gebäude und Räumlichkeiten sind Identitätsstifter (wo ich arbeite, definiert zumindest teilweise, wie ich bin), Kaffeepausen sind effizient, weil ich Kollegen treffe und mich austauschen kann, soziale Beziehungen leben von Kontakt...und und und. Viele Gründe, die erklären, warum Arbeit oft so organisiert ist wie sie es ist. Was würde passieren, wenn wir das aufgeben? Wenn wir aufgeben, dass wir uns bei der Arbeit über den Weg laufen? Dafür aber Städte von Verkehr freihalten könnten? Wir merken schnell, dass es sich um eine komplexe Frage handelt, denn es sind sehr viele Faktoren, die hier eine Rolle spielen. Das bedeutet nicht, dass es keine Lösungen gibt. Ganz im Gegenteil. Aber es bedeutet, dass es nicht einfach ist diese zu identifizieren. Zumindest nicht so einfach wie wir das bei der bloßen Frage denken könnten.

Allerdings macht eben nicht nur die große Anzahl von Faktoren komplexe Systeme so komplex, sondern ihre unvorhersehbare Dynamik. Wo auch immer Menschen interagieren, kommt es zu Reaktionen und Auswirkungen, die keiner vorhersehen konnte. Wie der berühmte Schmetterling, der an einem Ende der Welt über die Wiese fliegt und an einem anderen Ende der Welt einen Tsunami auslöst. Chaos funktioniert so. Auch wenn wir nicht genau sagen können, wie der Schmetterling den Tsunami verursacht hat, wir können in jedem Fall sagen, dass es wahrscheinlich eine Verbindung gibt und der Tsunami nicht zufällig entsteht. Wenn wir an Ideen denken, erleben wir eine ähnliche Dynamik. Wir wissen nicht, welche Unterhaltung, welches Gespräch oder welche Information dafür sorgt, dass in einem bestimmten Moment eine bestimmte Idee auftaucht, aber es ist unwahrscheinlich, dass es keine Gründe gibt. Es ist also unwahrscheinlich, dass Ideen zufällig auftauchen. Viel wahrscheinlicher ist, dass sie im Chaos entstehen.

Dieses Chaos verursacht eine Menge Probleme für Menschen, die versuchen etwas zu verbessern, zu verändern oder zumindest zu beeinflussen. Oder anders gesagt, dieses Chaos macht Innovation kompliziert und anstrengend. Wir müssen mit sehr viel Unsicherheit umgehen und das fällt uns schwer. Menschen setzen wann immer möglich auf sichere oder sehr wahrscheinliche Ereignisse, insbesondere wenn sie sich bedroht fühlen. Wir sind keine Risikofreunde und auch keine Zocker, auch nicht die Menschen, die so wirken. Zugegeben es gibt Menschen, die kommen wesentlich besser mit Risiko klar als andere oder haben eine höhere Toleranzschwelle für persönliches Risiko, aber grundsätzlich sind wir alle eher risikoaversiv. Die Bereitschaft ein Risiko einzugehen wird vielen Innovatoren zugeschrieben, manchmal völlig zu unrecht. Mit Sicherheit ist es jedenfalls nicht die einzige Eigenschaft, die Innovatoren von Nicht-Innovatoren unterscheidet. Was genau macht aber den Unterschied? Wie denken Innovatoren? Wie packen Innovatoren komplexe Probleme an?

Gewinn oder Verlust: der Durchbruch wartet dazwischen

Wenn wir vor kreativen Aufgaben stehen, arbeiten wir grundsätzlich in einer von zwei Geisteshaltungen. Diese zwei Mindsets bestimmen wesentlich, wie wir an Probleme gehen, welche Lösungen wir finden und warum wir oft nicht weiterkommen. Daniel Kahneman[4], der Nobelpreisträger und wahrscheinlich smarteste, lebende Psychologe, stellt in Frage, dass Menschen rationale Agenten sind und deswegen viele ökonomische Modelle mit unhaltbaren Annahmen arbeiten. Im Kern seiner Arbeit steht die Erkenntnis, dass wir mit Verlust und Gewinn völlig unterschiedlich umgehen. Verlust ist viel schlimmer als Gewinn gut ist oder anders gesagt: wenn wir 100 Euro verlieren, ärgern wir uns mehr als wir uns freuen, wenn wir 100 Euro gewinnen. Das ist auch nicht nur auf Geld beschränkt. Wir ärgern uns auch mehr, wenn wir einen Bus knapp verpassen als wir uns freuen ihn gerade noch zu erwischen. Verlust ist immer ärgerlicher als Gewinn erfreulich ist und deswegen denken wir in einem Verlustszenario vorsichtiger als wir es in einem Gewinnszenario tun.

Wenn wir über komplexe Probleme nachdenken, denken wir - genau wie über Geld - in einem Gewinnszenario oder einem Verlustszenario. Denken Sie an die letzte strategische Entscheidung, vor der Sie standen. Haben Sie da versucht negative Konsequenzen zu vermeiden oder positive Konsequenzen herbeizuführen? In vielen meiner Workshops beschreiben Menschen den Druck kreativ zu denken, der entsteht, wenn sie mit viel Verantwortung und wenig Zeit auf eine Lösung kommen sollen, die die Situation rettet: ein klassisches Verlustszenario. Nutzen Unternehmen kreatives Denken für Innovationen, die Arbeitsplätze retten oder versuchen sie neue Märkte zu erobern? Genau, das sollte für unsere Lösung keine große

Rolle spielen. Tut es aber. Wenn Menschen versuchen negative Konsequenzen zu vermeiden, gehen sie weniger kognitives Risiko ein. Anders ausgedrückt sie verlassen ihre Komfortzone nicht und suchen nach Lösungen, die möglichst nahe an dem sind, was sie bereits kennen. Ein drohender Verlust sorgt auch dafür, dass wir die Auswirkungen des schlimmsten (und auch des besten) möglichen Falles dramatisieren. Zwei Monate nach einer Trennung sind Menschen längst nicht so unglücklich wie sie das vorher eingeschätzt hatten. Wissenschaftler überschätzen, wie traurig sie sein werden, wenn sie keine Professur bekommen. Allerdings überschätzen sie auch, wie glücklich sie durch eine Professur würden. Sportfans, die vorhersagen sollen, wie sie sich fühlen, wenn ihre Mannschaft gewinnt, überschätzen ihr eigenes Glücksempfinden deutlich. Anders gesagt, wie wir uns nach einem Gewinn oder auch einem Verlust fühlen, schätzen wir viel dramatischer ein als es dann tatsächlich ist. Affective Forecasting[5] heißt das in der Psychologie und es bedeutet umgekehrt, dass Startups geneigt sind sich den Erfolg ihrer Ideen zu schön auszumalen und in Großunternehmen die Angst vor Verlust bei jedem Einzelnen für übersteigerten Pessimismus sorgt.

Wir wissen durch eine Reihe sehr cleverer Experimente, dass Menschen im Gewinnszenario bereit sind wesentlich mehr Risiko einzugehen - wir setzen also auf Optionen, die mehr Gewinn versprechen, aber mit höherem Risiko einhergehen. Für kreatives Denken und das Lösen von Problemen ist es entscheidend, ob sie an einem Gewinn- oder an einem Verlustproblem arbeiten. "Welche neuen Märkte können wir mit unseren Kompetenzen erobern?" ist möglicherweise inhaltlich die gleiche Frage wie "Wie können wir verhindern, dass uns die Konkurrenz vom Markt verdrängt?" Für unsere Kognitionen aber ist das überhaupt nicht die gleiche Frage. Erinnern Sie sich an Zeiten, in denen Sie für wichtige Prüfungen lernen mussten. Haben Sie gelernt, um zu zeigen, was Sie können?

Oder haben Sie gelernt, um nicht durchzufallen? Sie merken, dass es einen Unterschied macht, wie Sie die Sache angehen. Mit der Konsequenz hoher beziehungsweise sehr niedriger Motivation. Nicht nur die Motivation, sondern ganz grundsätzlich ist die Wahrscheinlichkeit für innovative Lösungen dann am höchsten, wenn Sie es schaffen einen Möglichkeitsspielraum aufzumachen wie bei der Frage nach potenziellen Eroberungen, wohingegen Ihre Chance auf kreative Lösungen dramatisch sinkt, wenn Sie fragen, wie Sie verhindern vom Markt verdrängt zu werden. Wenn wir in komplexen Problemen etwas zu verlieren haben, steigt paradoxerweise die Wahrscheinlichkeit es auch zu verlieren, da uns der Mut fehlt unsere Box zu verlassen und wir stattdessen auf altbewährte Denkgewohnheiten setzen, die uns daran hindern neue Lösungen zu finden.

Wenn ich mit Menschen in Großkonzernen arbeite, wird häufig schnell klar, dass das Mindset einer ganzen Organisation sich direkt auf die kognitiven Prozesse bei jedem Einzelnen auswirkt. Große, gewachsene und erfolgreiche Unternehmen haben eine Menge zu verlieren und Menschen in diesen Unternehmen arbeiten fast ausschließlich in einem Verlustszenario. Es geht also oft darum durch kreatives Denken Probleme zu lösen, die einen drohenden Verlust darstellen. Dagegen habe ich bei den vielen StartUps, die ich bisher betreuen durfte, oft pures Gewinndenken erlebt. Während in größeren Unternehmen also Fragen der Machbarkeit und Sinnhaftigkeit von Ideen im Mittelpunkt stehen, herrscht bei vielen StartUps Selbstüberschätzung, selektive Wahrnehmung und bewusstes Ignorieren von wichtigen Informationen. Das Ergebnis: um Verlust zu vermeiden gehen Menschen in größeren Unternehmen weniger Risiko ein und setzen auf etablierte Denkgewohnheiten. Dabei übersehen sie Gelegenheiten und Chancen. Wer diese Chancen lange übersieht, geht paradoxerweise das größte Risiko ein. In Gewinnkontexten wie bei neuen Unternehmen in der Gründungsphase herrscht dagegen Euphorie und Risikofreude, oft über ein gesundes Maß hinaus. Für das kreative Denken und unsere Fragestellung liegt die Lösung irgendwo in der Mitte, aber nicht als Kompromiss zwischen den zwei Geisteshaltungen, sondern als strategisches Werkzeug, das in verschiedenen Situationen in die eine oder andere Richtung eingesetzt werden kann. Wir müssen den Schalter entwickeln sowohl im Gewinn- als auch im Verlustszenario denken zu können, wenn es die Situation erfordert. Wir werden im Folgenden sehen, wie sich ein solches Switchen trainieren lässt.

Oft klingen die beiden Szenarien schlicht und einfach nach der Positiv- beziehungsweise Negativversion der gleichen Problemstellung, für unser Gehirn aber bedeutet es einen Wechsel zwischen potenziellem Verlust und potenziellem Gewinn. Hier einige Beispiele, wie sich die zwei Seiten anhören können:

- Wie können wir verhindern, dass uns die Konkurrenz verdrängt?
- Was können wir tun, um unseren Konkurrenten Marktanteile abzunehmen?

- Wie können wir verhindern, dass wir Arbeitsplätze verlieren?
- Wie können wir dafür sorgen, in der Zukunft Arbeitsplätze zu schaffen?

- Wie können wir die Kultur unseres Unternehmens in eine Innovationskultur verwandeln?

- Wie können wir unser bestehendes innovatives Potenzial nutzen um eine Kultur der Innovation zu schaffen?

- Was läuft alles schlecht und muss geändert werden?
- Was läuft alles gut und kann weiterentwickelt werden?

- Was, wenn wir dabei alles verlieren?
- Was, wenn es der totale Überraschungserfolg wird?

- Wir müssen das jetzt ändern. Nur wie?
- Wir haben große Chancen. Nur welche?

- Die Zukunft wird hart für uns. Wie überleben wir?
- Die Zukunft sieht gut aus für uns. Was wollen wir erreichen?

- 20 Prozent unserer Projekte scheitern. Warum?
- 80 Prozent unserer Projekte sind erfolgreich. Warum?

- Seit drei Wochen schleppe ich diese 2 Aufgaben auf meiner ToDo-Liste mit mir herum. Warum schiebe ich das auf?
- Bis auf 2 Aufgaben auf meiner Liste, habe ich in den letzten drei Wochen alles geschafft. Wann gehe ich die letzten zwei Todo's an?

- Ich will meine Beziehung retten, aber meinen Job nicht

vernachlässigen. Was soll ich tun?

- Ich will eine erfüllte Beziehung und einen glücklichen Chef. Wie bekomme ich das hin?

- Wir müssen sparen. Aber wo?
- Wir müssen investieren. Aber wo?

Bevor wir einfach loslegen und uns in ein Problem stürzen, das wir noch nicht verstanden haben, müssen wir uns bewusst machen, in welchem Szenario wir gerade arbeiten. Versuchen wir etwas positives zu erreichen oder etwas negatives zu vermeiden? Versuchen wir gerade von etwas wegzulaufen, was uns bedroht oder zu etwas hinzulaufen, das uns anzieht?

In den nächsten Monaten werde ich meinen Wohnort vom beschaulichen München in das schnelllebige San Francisco verlegen. An manchen Tagen denke ich, dass ich das mache, weil ich raus muss aus meinem deutschen Denken, weil mein Leben hier zu sehr Routine geworden ist, aber auch, dass ich sehr viel vermissen werde, besonders meine Freunde und Familie. An anderen Tagen denke ich, dass San Francisco mich anzieht, weil es so viel bietet, wonach ich mich sehne. Innovationen an jeder Ecke, Menschen mit Mut zu scheitern, Verrücktheit und kalifornische Lebenslust. Dann denke ich, ich kann nur gewinnen. Das gleiche Szenario kann ich sehr unterschiedlich durchdenken. Einmal als Verlust von alledem, was ich zurücklasse und einmal als Gewinn von allem, was mich erwartet. Bewusst zu denken bedeutet sich klar zu machen, dass je nach Mindset ganz unterschiedliche Gedanken folgen. Und unterschiedliche Gedanken sorgen für unterschiedliche Entscheidungen. Im Gewinnfall gehen wir mehr Risiken ein, erst im Denken, dann im Handeln. Wenn ich über meine Zukunft in San Francisco nachdenke, tue ich das mit dem Mindset "jede Menge zu gewinnen". Wenn ich an München denke, denke ich eher "jede Menge zu verlieren". Beide Denkweisen haben ihre Berechtigung, eine ist nicht besser als die andere. Nur sind die Konsequenzen auf das, was wir denken vollkommen verschieden.

Sie merken schon, dass es nicht die richtige Lösung gibt, lediglich den richtigen Moment für ein bestimmtes Mindset. Um herauszufinden, wann wir welches Mindset einsetzen sollten, müssen wir uns erst klar sein, in welchem Mindest wir uns überhaupt bewegen. Danach können wir gezielt entscheiden, ob wir gerade mehr Mut zum Risiko brauchen oder nach Schwachstellen im Bestehenden suchen sollten. Je nach Bedarf verschieben wir die Fragestellung. Mit Führungskräften traniere ich ganz besonders über die Geisteshaltung nachzudenken, die sie bei ihren Mitarbeitern auslösen. Was scheint wie eine harmlose Frage, kann am Ende den Unterschied bedeuten zwischen Innovation und Business as usual. Auch wenn sich unsere eigenen genau wie die Gedanken von Mitarbeitern nicht direkt steuern lassen, können wir die Voraussetzungen für bestimmte Geisteshaltungen schon bei der Problemstellung beeinflussen und letztendlich ganz gezielt abwägen, was wir tun sollten.

Quantität oder Qualität: die Suche nach der besten Idee

Innovatoren suchen nach der bestmöglichen, nicht nach der erstbesten Lösung.

Manche Probleme sind komplex, andere sind einfacher, einige sind abstrakt, viele sind sehr konkret, aber alle haben eines gemeinsam: jedes Problem hat genau eine Lösung und die löst das Problem. Zumindest für unser Gehirn und seine Analyse ist es zur Denkgewohnheit geworden, dass für jedes Problem genau eine Lösung besteht und wenn die gefunden ist, dann können wir aufhören zu suchen. Unser ganzes Leben werden wir mit so genannten Konvergenzproblemen konfrontiert und lernen, dass diese eine richtige Lösung haben. Im Kindergarten lernen wir, dass runde Klötzchen nur durch runde Löcher passen und quadratische Klötzchen durch quadratische Löcher. Wenn wir schreiben lernen gibt es eine Schreibweise, die die richtige ist. In Matheklausuren hat jede Aufgabe genau eine richtige Antwort und alle anderen sind falsch. Und selbst beim Zeichnen und Musizieren gibt es eine Art es richtig zu machen. Wir lösen so viele Konvergenzprobleme bis wir irgendwann glauben, dass alle Probleme Konvergenzprobleme sind. Die meisten Probleme, eigentlich fast alle, die mit Innovation zu tun haben, sind allerdings Divergenzprobleme. Das sind also Probleme, die sehr viele richtige Lösungen haben.

Bei Konvergenzproblemen ist es durchaus schlau aufzuhören, wenn die erstbeste Lösung gefunden ist. Warum sollten wir in einer Matheklausur Zeit verschwenden weitere Lösungen zu finden, wenn wir erstens wissen, dass es nur eine richtige gibt und wir zweitens bereits eine Lösung haben. Bei Divergenzproblemen sieht das völlig anders aus. Angenommen, wir suchen nach der Universität der Zukunft und fragen uns, wie die wohl aussehen könnte. Wenn ich dieses Szenario mit Klienten übungsweise durchspiele, haben die ersten Vorschläge zur Lösung häufig mit der Digitalisierung von Inhalten zu tun. Also könnten wir sagen, dass die Universität der Zukunft vollkommen online existiert, ohne Campus, ohne Mensa und ohne Bibliothek. Das wäre eine mögliche Lösung, eine erstbeste Lösung, aber sehr wahrscheinlich nicht die bestmögliche Lösung. Wer diese Problemstellung als Konvergenzproblem betrachtet, landet schnell bei einer zufriedenstellenden, aber wenig visionären, überhaupt nicht innovativen und wenig durchdachten Idee, aus der wahrscheinlich auch nichts wird. Konvergenzprobleme haben also genau eine richtige Lösung. Die erstbeste Lösung ist dann auch die bestmögliche. Divergenzprobleme dagegen haben viele mögliche Lösungen, manchmal unendlich viele. Dabei ist die erstbeste sehr wahrscheinlich nicht gleichzeitig die bestmögliche. Kreative Probleme sind immer Divergenzprobleme. Wir müssen mit Szenarien arbeiten und so viele Universitäten der Zukunft entwickeln wie möglich. Wir müssen Trends beachten, nicht einen, sondern viele. Wir müssen Bedürfnisse beobachten, nicht nur von Studenten, sondern von allen, die mit der Uni zu tun haben. Wir müssen Funktionen testen, nicht nur Forschung und Lehre, sondern alle Funktionen einer Universität. Nur durch Divergenz kommen wir zu einem Set an Lösungen, das die bestmögliche anstatt nur der erstbesten Lösung ergibt.

Quantität schlägt Qualität. Anstatt zu fragen, ob eine Idee gut ist und das Problem löst, sollten wir uns fragen, wie viele Lösungen uns einfallen, die mit dem Problem zu tun haben. Je mehr, desto besser.

Häufig missverstehen Menschen dieses Vorgehen als eine naive Konzentration auf Quantität, bei der Qualität von Ideen leidet. Lassen Sie mich deswegen kurz erklären, warum uns bei

Divergenzproblemen Quantität schneller zur bestmöglichen Lösung bringt. Drei Gründe gibt es:

Wir zögern. Unser Denken lässt uns zögern, wenn wir an nur einer Idee arbeiten. Wir zögern, weil wir Zweifel haben. Wir zögern, weil wir nicht glauben, dass unsere Idee eine Lösung für ein komplexes Problem darstellt. Was der Fokus auf Quantität also bewirkt, ist in den meisten Fällen das Zurückfahren der Hemmschwelle, der kognitiven Impulskontrolle, die gefühlt bereits bewerten kann, ob eine Idee gut ist oder nicht, während wir in Wirklichkeit erst viel später wissen, was gut ist, was funktioniert und was nicht. Es scheint paradox, aber wenn wir versuchen 10 Ideen aufzuschreiben um dann 9 zu streichen, wird die eine ausgewählte Idee besser sein als hätten wir versucht direkt nur eine Lösung zu entwickeln. So argumentieren einige Wissenschaftler, dass Genies in Kunst und Kultur eine größere Chance haben als solche erkannt zu werden, wenn sie sehr viele Werke einer Öffentlichkeit zugänglich machen, die dann über die beste Idee entscheidet. Ein Maler, der 1000 Werke produziert und ausstellt hat also wahrscheinlicher Erfolg als ein Maler, der nur 10 Werke ausstellt. Vincent van Gogh, der niederländische Maler produzierte über 2100 Werke, darunter auch die berühmten Sonnenblumen. Salvador Dali fertigte über 1500 Werke an und versuchte sich in allen möglichen Bereichen von Architektur bis Literatur, für die er nie bekannt und gefeiert wurde. Aber eben nicht nur in Kunst und Kultur setzen Menschen erfolgreich auf Quantität. Steve Jobs setzte das Apple-Logo auf alle möglichen Produkte, vom T-Shirt bis zur Kamera. Manche wurden zum Hit, andere einfach vergessen, vielleicht sogar ignoriert. Wenn die Hypothese also stimmt, sollten wir alle viel mehr Ideen produzieren und weniger an den einzelnen zweifeln. Möglicherweise ist das gerade der Faktor, der zwischen Ideen für Lösungen von komplexen Problemen den Unterschied macht: wie groß ist unsere

Frustrationstoleranz? Wie viele Ideen können wir generieren, für die sich am Ende keiner interessiert? Wie lange können wir weitermachen, wie weit können wir gehen, ohne Erfolg zu erleben?

Wir assoziieren. Quantität ist nicht immer besser als Qualität, aber bei komplexen Problemen lohnt sich der Versuch in die Breite zu gehen. Nicht nur aus statistischen Gründen und weil wir nicht wissen, was wirklich eine gute Idee ist, bevor jemand anderes es sagt. Sondern noch aus einem anderen Grund. Unser Denken ist assoziativ, was bedeutet, dass der zweite Gedanke nicht unabhängig vom ersten ist. Sehr oft ist die Folge von Gedanken chaotisch und wir wissen nicht, warum wir gerade jetzt an gerade diese eine Sache denken müssen, aber Zufall ist die Folge unserer Gedanken nicht. Chaos ist zwar nicht vorhersagbar, also können wir nie wirklich wissen, wer was als nächstes denkt. Wenn unsere Assoziationen allerdings zufällig wären, wüssten wir nie, was andere denken. Wenn ich Freunden von einer neuen Idee erzähle, die ich zum Thema Komplexität gefunden habe oder noch schlimmer versuche beim Abendessen von Statistiken zu berichten, die nicht stimmen können, dann weiß ich genau, was da im Kopf meines Gegenübers vorgeht. Es beginnt mit einem harmlosen Abschweifen der Gedanken, geht dann über in die sehr menschliche Kognition "ist mir zu kompliziert" gefolgt von "ist mir egal" bis zum Finale in der Frage "wann ist es endlich vorbei?". Ohne ein Wort zu hören kann ich den Assoziationen meines Gegenübers folgen. Zufällig ist die Reihenfolge dieser Gedanken also nicht, aber sie ist meistens viel schwerer vorherzusagen als bei meinen gelangweilten Gesprächspartnern. Assoziationen sind meist wild und unberechenbar, aber was aussieht wie ein Nachteil ist überhaupt erst die Grundlage für kreatives Denken.

Wenn wir also an einem komplexen Problem arbeiten und versuchen die eine richtige Lösung zu finden, drehen wir uns schnell im Kreis. Denn ein Gedanke aktiviert immer ähnliche Gedanken, die assoziativ verknüpft sind. Wir gehen diese assoziativen Gedanken einen nach dem anderen ab bis einer genug Querverbindungen zum Ausgangsgedanken hat und diesen reaktiviert. Dabei entsteht bei uns das Gefühl, dass wir uns nicht weiterentwickeln in unserer Suche nach der Lösung, obwohl das nicht ganz richtig ist. Denn ein Gedanke ist nach einer Gedankenfolge selten der gleiche wie zu Anfang. Wenn wir aber nicht versuchen an einer Lösung zu arbeiten, sondern an vielen parallel, dann werden die aktivierten Assoziationen wesentlich weiter vom Ursprungsgedanken entfernt landen, weil wir ja gerade nicht versuchen alles in ein konsistentes Rahmenwerk zu pressen, sondern gedanklich zulassen zwischen Ideen und Konzepten hin- und herzuspringen.

Wir identifizieren Kriterien. Die Breite der entstehenden Ideen stellt nicht nur sicher, dass wir einen größeren Problemraum nach Lösungen abgesucht haben, weil unsere Assoziationen weiter spannen, dieselbe Breite liefert uns auch eine viel bessere Ausgangslage die Ideen am Ende zu evaluieren. Denn uns werden Kriterien für eine Entscheidung aufgezeigt, die wir beim Arbeiten an einer Lösung gar nicht gesehen hätten. Möglicherweise kennen Sie eine solche Situation bei Entscheidungen über Urlaubsziele. Sobald Sie anfangen Informationen über verschiedene Orte, Hotels, Preise, Strände, Zusatzangebote, Sportmöglichkeiten, Wetterdaten und Bewertungen anderer zusammenzutragen, wird Ihnen klarer, was Ihnen eigentlich wichtig ist an Ihrem Ziel. Wenn Sie versuchen sich zu überlegen, was den perfekten Urlaub für Sie ausmacht und dann versuchen, genau diesen Urlaub zu finden, werden Sie wahrscheinlich irgendwann frustriert aufgeben. Optionen zusammenzutragen ist ähnlich wie verschiedene Ideen zu generieren. Die Chance auf Erfolg ist viel höher, wenn Sie nicht versuchen an der einen besten Lösung zu arbeiten, sondern Ihr assoziatives System für sich arbeiten lassen und am Ende aus vielen Optionen die beste auswählen. Das ist keineswegs weniger Aufwand oder weniger anstrengend, aber das Ergebnis rechtfertigt den Einsatz dieser Ressourcen.

Talent oder Übung: was macht den Meister aus?

Innovatoren glauben nicht, dass es Talent braucht um wirklich innovativ zu sein.

Denkgewohnheiten faszinieren mich. Ich untersuche sie schon eine ganze Weile und werde trotzdem immer wieder überrascht, wenn ich auf neue stoße, bei mir selbst und bei anderen.

"Innovationen kommen von kreativen Genies, die durch außergewöhnliches Talent und eine Portion Zufall auf vollkommen neue Ideen kommen, die sich durch Wert und Originalität von anderen Ideen abheben." So oder so ähnlich definieren viele Menschen den Prozess, wenn ich sie frage, woher Innovationen kommen. An diesem weit verbreiteten Glaubenssatz ist so ziemlich alles falsch. Wie bereits erwähnt interessiert mich das aber gar nicht so sehr. Mich interessiert viel mehr, was ein solcher Glaubenssatz mit Menschen macht, wenn er zur Denkgewohnheit wird. Vielleicht können Sie sich auch schon vorstellen, was passiert, wenn Menschen mit dieser Überzeugung selbst versuchen kreativ an Aufgaben zu gehen. Der Effekt dieser Denkgewohnheit ist erst Mutlosigkeit, dann Frustration und letztendlich ein fast krampfhaftes Umklammern des Status Quo. Es lohnt sich also genauer hinzusehen und den Mythos Innovation auseinander zu nehmen. Denn der Mythos ist Teil des Problems. Es ist der Mythos, der uns blockiert.

Innovationen kommen nicht von kreativen Genies, zumindest nicht in den meisten Fällen. Gute Ideen entstehen überall und sind vielmehr kollektive Aufgabe als individuelle Fähigkeit. Nicht ohne

Grund steht die Forschung zu Kreativität als Fähigkeit quasi seit Jahren still. Kreativität ist nicht wie Intelligenz stabil und messbar. Kreativität ist abhängig von der Situation und nicht so sehr von der Person. Wir alle sind ständig kreativ, nur fällt uns das nicht auf. Immer wenn wir auf eine Situation treffen, die wir so noch nicht hatten, brauchen wir kreatives Denken. Sternberg[6], ein wichtiger Wissenschaftler im Bereich Kreativität, sagt deswegen, dass es beim kreativen Denken um eine Entscheidung geht. Wer entschieden hat für eine bestimmte Zeit kreativ an eine Aufgabe zu gehen, wird dies auch tun und das Ergebnis wird kreativer sein als bei Leuten, die sich nicht entschieden haben. Wir müssen entscheiden, dass wir in der vor uns liegenden Situation kreativ sein wollen und werden es wahrscheinlich auch sein. Wir werden weder als unkreativ geboren noch haben wir die Fähigkeit wirklich verloren. Wir haben nur alle sehr gut und lange trainiert nicht kreativ an Probleme heranzugehen, was mich direkt zum nächsten Denkfehler bringt, das Talent.

Mein ganzes Leben wurden mir verschiedene Talente zugesprochen, von meinen Eltern, von Verwandten und Freunden, von Lehrern, Mentoren oder Vorbildern. Lange wollte ich Dirigent und Komponist werden. Ich lernte das Klavier zu beherrschen und zu komponieren. Ich wurde immer besser, gewann irgendwann sogar Preise. Je älter und erfolgreicher ich aber am Klavier wurde, desto größer wurde mein ungutes Gefühl damit talentiert zu sein. Es brauchte eine ganze Weile bis ich verstand, woher dieses ungute Gefühl und schließlich meine Abneigung gegen den Begriff "Talent" selbst kam. Irgendwann wurde mir klar, dass wir immer dann von Talent sprechen, wenn es sich um eine Fähigkeit handelt, die anderen verwehrt bleibt. Musikalität beispielsweise verstehen die meisten Menschen als etwas, das man entweder hat oder eben nicht. Mit der Zuschreibung von Talent geht aber oft die Aberkennung von harter Arbeit und einem langen Lernprozess einher. In vielen Bereichen unseres Lebens haben wir Talent als etwas definiert, was angeboren ist, dann entwickelt wird und letztendlich zum Wohle aller eingesetzt wird. Es ist bewundernswert und außergewöhnlich. Nichts, für das man viel tun müsste.

Zumindest, wenn es um kreatives Talent geht, ist das nicht ganz richtig. Kreatives Denken ist keine angeborene Fähigkeit, die man hat oder nicht hat. Es ist eine angeborene Fähigkeit, die jeder hat. Wir alle können kreativ denken, wenn wir auf die Welt kommen. Punkt. Talent schreiben wir dann anderen Menschen zu, wenn wir selbst nicht den Aufwand betreiben wollen oder können die gleichen Ergebnisse zu erzeugen. Dazu müssten wir uns nämlich stundenlang hinsetzen und Klavier üben. Ich versichere Ihnen, das ist ätzend und anstrengend, ganz unabhängig davon wie viel Talent Sie mitbringen. Kreatives Denken ist anstrengend und deswegen vermeiden es viele Menschen mit der Ausrede, man bräuchte dafür eben Talent. Was Sie dagegen wirklich brauchen ist Ausdauer, Frustrationstoleranz und Lernwilligkeit und die Fähigkeit über sich selbst zu lachen.

> *„Jedes Kind ist ein Künstler. Das Problem ist, ein Künstler zu bleiben, wenn du erwachsen bist.“ Pablo Picasso*

Machen wir ein kurzes Gedankenexperiment. Es gibt Menschen, die werden ohne Zweifel mit genetischem Material ausgestattet, das ihnen ermöglicht große Musiker oder Künstler zu werden. Gleichzeitig gibt es Menschen, die sich in einem Bereich versuchen, für den sie nicht die richtige Ausstattung haben. Wir haben es mit vier Kategorien zu tun, nicht nur mit zwei. Eben nicht nur den Talentierten und den Untalentierten.

Wir haben Talentierte, die hart arbeiten und nicht aufgeben. Wir haben Untalentierte, die das ebenso tun. Wir haben zudem Talentierte, die nichts versuchen und schon beim ersten Scheitern aufgeben und wir haben Untalentierte, die erst gar nicht anfangen etwas zu versuchen. Auch Wissenschaftler sind irgendwann darauf gekommen, dass Talent wohl nicht alles sein kann und Übung wohl auch dazu gehört, und zwar eine ganze Menge Übung. 10.000 Stunden machen einen Meister, sagen Gladwell[7] und andere. Nehmen wir Talent so wie die meisten Menschen es verstehen, nämlich als in unseren Genen verankerte Anlage, dann sehen wir, welche Gruppe Menschen wir in unseren Überlegungen betrachten und welche wir gerne vergessen. Wir hören die Geschichten und feiern die Helden der Innovation und der Kunst, eben jene Talentierte, die durch harte Arbeit etwas aus ihrem Talent gemacht haben. Viel weniger hören und wissen wir von jenen Talentierten, die nichts aus ihrem Talent machen. Denn die bleiben erfolglos. Was aber ist mit den Untalentierten, die hart arbeiten und kontinuierlich scheitern ohne aufzugeben? Sind die nicht erfolgreich? Klar sind sie das. Denn sie lernen kontinuierlich. Deswegen sind sie auch erfolgreicher als jene Talentierten, die erst gar nichts versuchen. Was im Umkehrschluss bedeutet, dass selbst wenn wir untalentiert sind es sich lohnt nicht aufzugeben und aus Fehlern zu lernen. Talentierte sollten ihr Talent nutzen, aber Untalentierte müssen es eben auch versuchen. Angenommen der Mythos der 10.000 Stunden wäre wahr (wer Recht hat, ist mir eigentlich egal), nach wie vielen Stunden wüssten wir dann, ob wir nun Talent haben oder nicht? Ich habe zwei Reaktionen auf komplexe Probleme erlebt: eine Hälfte der Menschen, mit denen ich arbeite, haben nach 15 Minuten bereits das Gefühl, dass sie nicht talentiert oder intelligent genug sind für kreatives Problemlösen. Und die andere Hälfte denkt, für das Problem gebe es einfach keine Lösung. Beide liegen falsch, 15 Minuten reichen also nicht.

Woher wissen wir dann, ob wir Talent haben? Im Grunde können wir Talent nur am Ergebnis erkennen und genau genommen auch eigentlich nur bei anderen. Sich selbst Talent zuzuschreiben fühlt sich falsch an und das sollte es auch. Talent definiert sich immer über den Vergleich zu anderen. Damit der Vergleich gelingt, sollte ihn jemand anderes vornehmen, der objektiver beurteilen kann, wie das Ergebnis unseres Schaffens aussieht, weil er den Prozess nicht kennt. Es liegt also in der Hand anderer uns als talentiert zu diagnostizieren und das aufgrund einzelner Produkte unserer Arbeit, an denen sich das festmachen lässt. Bevor wir es also versuchen, können wir nicht wissen, ob wir talentiert sind oder nicht. Wer nichts versucht, kann also gar nicht wissen, ob er talentiert ist oder nicht Nachdem wir etwas geschaffen haben, haben wir es aber noch lange nicht geschafft. Denn jetzt liegt es in der Hand der anderen zu bewerten, ob es sich um das Werk eines Talentes handelt. Wenn wir also weder vor noch nach der Arbeit wissen, wie talentiert wir sind, bleibt uns nur übrig es zu probieren. Da wir zusätzlich nicht wissen, ob die Bewertung durch andere richtig ist, müssen wir es nicht nur einmal probieren, sondern möglicherweise ein Leben lang. Möglicherweise muss ich 10.000 Stunden investieren um herauszufinden, was ich wirklich kann. Und genau hier kommt der Haken. Ob ich talentiert bin oder nicht, das entscheiden andere. Ob ich aufgebe oder nicht, entscheide ich aber selbst. Mir sind bei meiner Arbeit einige Menschen mit komplexen Problemen begegnet, die entschieden haben aufzugeben. Häufig mit der Begründung nicht genug Talent zu haben. Paradoxerweise wird die Begründung durch das Aufgeben erst wahr. Talent bedeutet eine Sache besser zu können als andere. Wer nicht versucht besser zu werden, kann nie besser werden als andere und kann deswegen auch nie talentiert genannt werden. Wer dagegen einmal talentiert genannt wurde, kann sich nicht darauf verlassen, dass ohne Weiterentwicklung andere nicht irgendwann besser sind, weil sie es versuchen. So wird dem Talentierten durch sein Talent oft gleichzeitig harte Arbeit aberkannt und der Druck auferlegt weiterhin irgendwie besser zu sein als andere. Ich bin also kein Musiker geworden, sondern Wissenschaftler.

Verlassen Sie sich nicht auf das Talent, das manchen Menschen zugeschrieben wird, selbst auf Ihr eigenes nicht. Wirklich gute Innovatoren tun das auch nicht. Wer sich weder auf sein eigenes noch auf das Talent von anderen verlässt, erlebt eine Welt, in der schnell aus Fehlern gelernt wird, in der die Verehrung von Genies und Stars eine gesunde Erdung erfährt und in der harte Arbeit zählt. Wir verehren Talent, weil wir Stars mögen. Sie geben uns für einen Moment das Gefühl an etwas wirklich außergewöhnlichem teilzuhaben.Talente der Vergangenheit verehren wir, weil wir den Kontext, in dem sie ihre Werke schufen nicht mehr nachvollziehen können und aus Mangel an Informationen an nahezu übermenschliche Fähigkeiten glauben wollen. Dass dies eine hemmungslose Übertreibung darstellt sehen wir schon an der Tatsache, dass unsere Verehrung für Durchbrüche mit der Zeit stärker wird. Thomas Edison gilt vielen als der Erfinder der Glühbirne, obwohl er die Glühbirne nie erfunden hat. Er hat die bestehenden Konzepte der Glühbirne weiterentwickelt. Aber aus heutiger Sicht verbreitet sich die Geschichte viel besser, wenn er als Erfinder gilt. Das bedeutet wirklich verehrt werden die meisten erst nach ihrem Tot und dann immer mehr je länger der zurück liegt. Womöglich werden wir in einigen Jahrzehnten sagen, dass Steve Jobs das Mobiltelefon erfunden hat. Aus heutiger Sicht würden wir uns damit schwer tun, weil wir wissen, wie viele Mobiltelefone da schon waren, bevor Steve Jobs mit dem iPhone den Markt umkrempelte. Aber das Detailwissen verblasst schnell und wie bei Edison werden wir womöglich auch bei Steve Jobs bald vergessen haben, wie es wirklich war und so wird ein weiterer Mythos eines einsamen Talentes geschaffen, der es schwieriger macht selbst an komplexe Probleme heranzutreten mit dem Mut, den Edison oder Jobs an den Tag legten.

Zufall oder Chaos: was die Verwechslung anrichten kann

Innovatoren verwechseln Zufall nicht mit Chaos.

Immer wieder argumentieren Menschen mir gegenüber, dass Ideen doch zufällig entstanden seien. Dass gute Ideen oft durch Zufall gefunden würden und keiner wisse, wie, wann und warum das passiert. Der Denkfehler hier? Zufall ist nicht das gleiche wie Chaos und oft sprechen wir von Zufall, wenn wir Chaos meinen.

Chaos ist das Gegenteil von Ordnung. Es bezeichnet also einen Zustand, in dem wir noch nicht erkennen, was wie zusammenhängt, warum wann was wie passiert und wo Ursache und Wirkung zusammen kommen. Zufall dagegen ist eine Einflussgröße, bei der wir nicht fragen, was Ursache und was Wirkung ist. Es ist eben Zufall. Den können wir nicht zeigen oder beweisen, aber wir können erkennen, wenn etwas nicht zufällig ist, wenn es Mustern folgt und wenn es unter bestimmten Bedingungen wahrscheinlicher wird. Zum Beispiel bei guten Ideen. Beim Zufall geben wir also auf, dass es überhaupt eine kausale Erklärung gibt, während wir beim Chaos diese zwar nicht erkennen können, aber annehmen, dass sie existiert. Für unser Vorhaben wichtig ist, dass Chaoten berechenbarer sind als Menschen, die zufällig agieren. Wenn wir für ein Problem eine Lösung suchen, haben wir es mit einem chaotischen Weg zu tun, nicht mit einem zufälligen. Ideen zu generieren hat viele Zufallselemente und gute Ideen zu finden wirkt deswegen oft zufällig. Tatsächlich sind kreative Prozesse aber oft systematisch mit viel Chaos, das sich im Nachhinein als sinnvoll erweist.

Wenn Menschen davon sprechen, dass Zufall für gute Ideen oder gar Innovationen, also die erfolgreiche Umsetzung und Adoption guter Ideen, verantwortlich ist, sprechen wir dem kreativen Prozess seine Sinnhaftigkeit ab. Warum sollte ich die Mühe betreiben nach kreativen Lösungen zu suchen, wenn am Ende eh der Zufall entscheidet? Dann kann ich doch auch einfach abwarten, bis die gute Idee zufällig zu mir kommt. Zufall ist eine Art Ausrede um sich nicht der Chance guter Ideen aussetzen zu müssen, was natürlich anstrengend und aufwendig ist. Chaos ist sehr anstrengend, manchmal kaum auszuhalten. Aber wir müssen kreatives Denken als chaotischen Prozess verstehen, in dem viel passiert, was erst im Nachhinein Sinn ergibt. Was wir nicht tun dürfen, ist vom Zufall auszugehen und dem guten Einfall damit jede Struktur zu nehmen. Anders gesagt, der chaotische Weg zu einer guten Idee ist ein sinnvoller Weg, auch wenn das nicht so aussieht, wohingegen der zufällige Weg zu Ideen nicht zu Innovationen, sondern zu Chaos führt.

Wenn wir die theoretischen Überlegungen zu Chaos und Zufall mal für den Moment außen vor lassen, geht es um die Frage, ob es überhaupt einen systematischen Weg zu Innovationen gibt. Mein Weg hat mich immer wieder zweifeln lassen, ob es überhaupt einen Weg gibt Menschen kreativer zu machen bis ich irgendwann akzeptierte, dass das die falsche Frage ist. Ich habe meine Frage geändert und frage mich heute in meiner Forschung, aber noch vielmehr in der Praxis, ob erfolgreiche Innovatoren sich von erfolglosen Innovatoren und Nicht-Innovatoren unterscheiden oder ob sie eigentlich nur der Zufall unterscheidet. Die Antworten, die ich auf diese Frage fand, haben mich in eine Art wissenschaftliche Depression geführt. Es ist sehr frustrierend zu erleben, wie ein jahrelang mühsam antrainiertes wissenschaftliches Denken in sich zusammenfällt, wenn wir realisieren, dass Wissenschaft nicht nur die falschen Fragen stellt, sondern diese auch noch falsch beantwortet.

Wissenschaftler unterliegen ähnlichen Denkgewohnheiten wie alle anderen auch. Diese Denkgewohnheiten haben aber gravierende Auswirkungen auf das, was wir die Wahrheit nennen. Zwei Denkgewohnheiten zeigen überdeutlich, wie verzerrt die Ergebnisse sind, die wir für "wissenschaftlich belegt" halten. Der Confirmation Bias ist die Tendenz die eigenen Hypothesen durch Belege zu untermauern, die zu unseren Annahmen passen. Dabei ignorieren wir weitgehend alles, was gegen unsere Hypothese spricht. Wenn Wissenschaftler sich etwas in den Kopf gesetzt haben, suchen sie solange nach Belegen, machen zum Beispiel solange Experimente, bis ein Beleg gefunden ist. Stellen Sie sich vor, ein Wissenschaftler will zeigen, dass Menschen unter Zeitdruck kreativer arbeiten. Er macht ein Experiment. Es klappt nicht. Er ändert eine kleine Sache, es klappt wieder nicht. Er versucht es in neun Experimenten und es klappt einfach nicht. Dann schließlich, im zehnten Anlauf klappt es. Er findet seinen Beleg. Er beginnt sofort einen wissenschaftlichen Artikel zu verfassen, den er dann bei einem renommierten Journal einreicht. In seinem Artikel allerdings steht nur, was er untersuchen wollte und dass er den Beleg dafür gefunden hat. Berichtet wird nur von einem einzigen Experiment, dem zehnten. Da hat es schließlich geklappt. Die anderen neun Anläufe verschweigt der Wissenschaftler lieber. Am Tag nach der Veröffentlichung greift eine große Tageszeitung die Studie auf und schreibt "Sie wollen mehr Kreativität? Erhöhen Sie den Zeitdruck!". Offensichtlich nicht wahr, denn eigentlich sollte die Schlagzeile lauten "Sie wollen kreativere Ideen? In 9 von 10 Fällen ist Zeitdruck nicht der entscheidende Faktor!" Die Studie macht trotzdem die Runde und sie landet in zahlreichen Blogs und auf Twitter. Ich berichte Ihnen von diesem Aktenschrank-Problem (gescheiterte Experimente landen im Aktenschrank und niemand erfährt je von ihnen), weil ich selbst miterlebt habe wie dieser Publication Bias in Aktion funktioniert und dass er verantwortlich ist für einige große Mythen und besonders in der Psychologie für Missverständnisse, Fehlglaube und falsche Informationen sorgt. Ich verzichte aus genau diesem Grund weitgehend auf wissenschaftliche Belege in diesem Buch, denn Sie und ich wissen, wie diese zustande kommen.

Eine zweite Denkgewohnheit unter vielen Psychologen ist es an den falschen Stellen nach Belegen zu suchen. Getrieben vom Confirmation Bias versuchen sie beispielsweise kreative Genies zu verstehen indem sie kreative Genies beobachten. Sie versuchen weibliche Führungskräfte zu verstehen indem sie Interviews mit weiblichen Führungskräften führen. Sie befragen erfolgreiche Entrepreneure um die Geheimnisse ihrer Innovativität zu ergründen. Klingt logisch, ist es aber nicht. Dieses Vorgehen führt oft dazu, dass die falschen Schlüsse gezogen werden. Stellen Sie sich vor, die Führungskräfte in Ihrem Interview sagen, sie hätten alle sehr strenge Väter gehabt, die kreativen Genies tragen alle Brillen und die Entrepreneure hätten schon im Kindergarten mit anderen Kindern Handel betrieben. Was haben Sie dann herausgefunden? Im Grunde überhaupt nichts. Denn um zu erkennen, was wirklich den Unterschied macht, müssen Sie untersuchen, was Führungskräfte, Genies und Innovatoren nicht tun und gleichzeitig müssen Sie vergleichen, was Nicht-Führungskräfte, Nicht-Genies und Nicht-Innovatoren tun. Wir müssen also beginnen Faktoren auszuschließen anstatt weitere zu sammeln.

Entscheidend für uns ist, dass sich Innovatoren von Nicht-Innovatoren nicht zufällig, sondern sehr systematisch unterscheiden, wenn man Stück für Stück einen Faktor nach dem anderen ausschließt. Wir suchen irrtümlicherweise nach den Faktoren, die einen Innovator zum Innovator machen und natürlich finden wir welche: bestimmte Persönlichkeitsmerkmale, Offenheit, Abenteuerlust, eine spezifische Umgebung, flache Hierarchien, flexible Arbeitsmodelle. Nur sind diese Analysen alle korrelativ und nicht kausal, was dafür sorgt, dass Unternehmen, die flache Hierarchien einführen und Extremsportler (für mehr Risiko) einstellen oft kein bisschen innovativer werden. Innovationen sind viel komplexer und weil das so ist, braucht es eine andere Herangehensweise. Anstatt nach Faktoren zu suchen die Menschen innovativ machen, sollten wir nach Faktoren suchen, die Menschen abhalten. Ich habe mich auf kognitive Faktoren spezialisiert und die Ideenkiller in unserem Denken gefiltert. Die sind oft sehr chaotisch, so ist das eben, wenn man es mit Komplexität zu tun hat. Aber sie sind nicht zufällig und das ist entscheidend.

Sobald wir daran glauben, dass gute Ideen und Lösungen für komplexe Probleme zufällig entstehen, nehmen wir uns die Chance zu lernen. Wir nehmen uns die Chance uns im kreativen Denken zu verbessern. Das wäre so als ob wir Kindern beibringen würden, dass manche Schüler einfach zufällig besser in der Schule sind und deswegen zufällig eine bessere Ausbildung erhalten und dann auch zufällig in besseren Jobs landen. Zufall als Erklärung nimmt Kindern die Chance herauszufinden, wie sie sich verbessern können und letztendlich auch den Mut es überhaupt zu versuchen. Ähnlich verhält sich das auch bei komplexen Problemen. Was aussieht wie Zufall, ist die Kombination aus der Fähigkeit Gelegenheiten zu erkennen, wenn sie sich bieten und der Fähigkeit im richtigen Moment eingefahrene Ideen aufzugeben um an wichtigeren Dingen zu arbeiten. Die Geschichte der Mikrowelle zum Beispiel wird häufig fälschlicherweise als zufällige Entdeckung erzählt. Als Percy Spencer 1945 an einem Vakuumschlauch mit dem Namen Magnetron forschte, merkte er, dass ein Schokoriegel in seiner Hosentasche zu schmelzen begann. Nach einem weiteren Test mit Popcorn, das unter der Strahlung aufpoppte, war klar, dass Percy Spencer eine vollkommen andere Entdeckung gemacht hatte, eine mit weitreichenden Folgen für zahllose Haushalte. Zufall war die Entdeckung aber keineswegs. Schließlich hätte der Wissenschaftler den Wert seiner "zufälligen" Entdeckung ja auch nicht erkennen können. Hätte er die Entdeckung selbst für Zufall gehalten, hätte er möglicherweise nie dafür gesorgt, dass es zur Kommerzialisierung der Mikrowelle kommt. Nur weil Percy Spencer die Lösung für ein ganz anderes komplexes Problem gefunden hat als das, woran er arbeitete, bedeutet dies noch lange nicht, dass die Entdeckung der Mikrowelle zufällig geschah. Das wäre eine massive Vereinfachung der Lage. Haben Sie es je erlebt, dass Sie eine Idee hatten, die dann später jemand anderes erfolgreich umgesetzt hat? Viele Beispiele der Innovationsgeschichte zeigen, dass manche Menschen die Gelegenheit für eine Innovation verpasst haben oder den richtigen Moment nicht erkannten. Es braucht Mut an eine Idee zu glauben und letztendlich jede Menge Verstand um zu erkennen, wie viel Potenzial in einer Idee steckt.

Bevor wir also dem Fehler erliegen, Ideen und innovative Lösungen dem Zufall zuzuschreiben, lohnt sich der Blick auf die wahren Gründe. Vertrauen Sie nicht auf den Zufall. Der führt unweigerlich dazu, dass wir die Dinge nicht in die Hand nehmen, obwohl wir eigentlich sollten.

Bauchgefühl oder Kopfsache: wann Intution daneben liegt und wann nicht

Innovatoren vertrauen nicht auf ihre Intuition, sondern setzen sie gezielt ein.

Kaum eine wissenschaftliche Diskussion der letzten Jahre ist so spannend wie die um die Frage menschlicher Intuition. Dieses unklare Bauchgefühl, das und bei Entscheidungen unterstützt, das uns Eingebungen liefert, das irgendwie unterbewusst bleibt und vom Verstand nicht eingeholt wird. Die einen zeigen, wann unsere Intuition daneben liegt (so wie Gilovich[8]), die anderen argumentieren, dass das für unser Überleben aber wichtiger ist als richtig zu liegen (so wie Gigerenzer[9]). Und wieder ist es irrelevant, wer Recht hat. Was zählt ist zu erkennen, wann wir auf unsere Intuition setzen sollten und wann nicht.

Intuition ist nicht übersinnlich, sondern unterbewusst. Teile unserer Intuition kommen aus dem, was wir durch Erfahrungen der Vergangenheit gelernt haben. Das sorgt zum Beispiel dafür, dass Experten in einem Gebiet bessere intuitive Entscheidungen treffen als Neulinge. Der Neurowissenschaftler Antonio Damasio leitet das Brain and Creativity Institute und erforscht, was bei Entscheidungen im Gehirn passiert. Er erklärt, dass sogenannte "somatic markers"[10] aktiv werden, wenn Entscheidungen so komplex werden, dass wir mit unseren bestehenden Denkgewohnheiten nicht mehr weiter kommen. Dann werden Emotionen eingesetzt. Dadurch unterliegen Teile unserer Intuition systematischen Verzerrungen. Wir nehmen mentale Abkürzungen. Stellen Sie sich vor Sie möchten ins Theater gehen und haben zwei Tickets gekauft, für 50 Euro das Stück. Als Sie am Theater ankommen, bemerken Sie, dass Ihnen die Tickets aus der Tasche gefallen sein müssen. Die Theaterkasse ist noch geöffnet und Sie können die Tickets erneut kaufen, für 50 Euro das Stück. Würden Sie die Tickets ein zweites Mal kaufen? Jetzt stellen Sie sich das gleiche Szenario mit einer kleinen Änderung vor. Diesmal haben Sie die Tickets noch nicht gekauft, wenn Sie am Theater ankommen. Sie bemerken aber, dass Ihnen zwei 50 Euroscheine aus der Tasche gefallen sein müssen. Auch jetzt ist die Theaterkasse noch geöffnet, würden Sie die Tickets jetzt kaufen, obwohl Sie das Geld verloren haben? Die meisten Menschen überlegen in beiden Szenarien eine Weile. Dann aber entscheiden sich beim Verlust der Tickets im ersten Fall die meisten Menschen gegen einen erneuten Kauf, während sich viele Menschen im zweiten Fall beim Verlust des Bargeldes für den Kauf entscheiden. Wie kommt das?

Rational betrachtet sind doch beide Szenarien genau gleich. Für unsere Intuition sind sie das allerdings nicht. Die Erklärung liegt in dem, was die Entwickler dieses Szenarios mentale Kontoführung nennen. Wir haben ein Konto für Theatertickets und eines für Bargeld und noch eine ganze Menge andere Konten in unserem Kopf. Wenn wir Theatertickets bereits gekauft haben, ist das Konto für Theatertickets leer und wir sind geneigt das Konto nicht überzustrappazieren. Wenn wir allerdings unser Konto für Bargeld den Verlust von 100 Euro anzeigt, hat das mit dem Konto für Theatertickets wenig zu tun und wir sind geneigt die Tickets jetzt zu kaufen, obwohl wir den Betrag gerade verloren hatten. Sie können sich die Wirkung mentaler Konten noch an einem anderen Gedankenexperiment vor Augen führen. Wenn Sie als Kind von Oma 20 Euro bekommen, fühlt sich das anders an als 20 Euro auf der Straße zu finden oder 20 Euro zu verdienen und interessanterweise spielt die Herkunft des Geldes auch eine Rolle dafür, wie wir es ausgeben. Während wir das Geld von Oma sparen, verprassen wir das Geld von der Straße und kaufen uns von unserem verdienten Geld etwas nur für uns. Der Grund sind die unterschiedlichen mentalen Konten, in die das Geld verbucht wird, wenn wir es erhalten. Mentale Konten sind Teil unseres intuitiven Entscheidungssystems und beeinflussen, wie wir Geld, Zeit oder andere Ressourcen verwenden. Manchmal irrational, manchmal moralisch korrekt, manchmal zum Wohle aller. Häufig aber auch zum Nachteil aller.

Manche dieser mentalen Abkürzungen führen schneller zum Ziel, weil sie uns helfen unser Leben zu sortieren, viele aber führen systematisch zu Denkfehlern. Es ist schwer Intuition zu nutzen, da wir nie wissen, ob unser Bauchgefühl gerade für uns oder gegen uns arbeitet. Deswegen ist es naiv sich voll und ganz auf seine Intuition zu verlassen, denn sie liefert häufig mentale Abkürzungen zum falschen Ziel. Genau so naiv ist es allerdings sich nicht auf seine Intuition zu verlassen, denn viele Erfahrungen der Vergangenheit sind nicht mehr im Detail abrufbar, aber die Essenz des Wissens von damals steckt in unserer intuitiven Eingebung. Es ist eine Kunst zu entscheiden, wann wir unserer Intuition trauen sollten und wann besser nicht.

Bei der Bewertung von Ideen sollten wir es nicht. Denn intuitiv sind wir zu schnell im Abwerten von guten Ideen, Intuition stellt Neues grundsätzlich in Frage. Es gibt schlicht keine Basis für Neues in unserer Intuition. Wir sind schlecht im Erkennen guter Idee und liegen zu häufig daneben und das asymmetrisch. Wir schreiben also Ideen intuitiv zu häufig weniger Wert zu als sie eigentlich haben. Intuitiv sind wir auf ein Negativszenario gepolt. Wir fragen uns fast automatisch, warum es nicht klappen wird. Das gilt für die Ideen anderer ganz besonders, aber auch für unsere eigenen Ideen.

Überlegen Sie sich genau, nach welchen Kriterien sie am Ende Ideen bewerten wollen. Lassen Sie nicht Ihren Bauch entscheiden, denn der sagt Ihnen wahrscheinlich nichts gutes.

Erfinden oder Erkennen: gute Ideen warten auf Entdeckung

Innovatoren wissen, dass sie gute Ideen nicht unbedingt erkennen, wenn sie vor ihnen liegen.

Manches lernen wir sehr schnell. Wir brauchen nicht viele Versuche mit unserer Hand auf einer heißen Herdplatte um zu lernen, dass das wehtut und wir es lieber lassen. Genauso schnell lernen wir, dass Dinge mit viel Zucker einfach gut schmecken und wir davon so viel wie möglich essen sollten. Später dann lernen wir, dass das mit dem vielen Zucker vielleicht doch keine so gute Idee ist, aber das hält uns nur in Maßen ab trotzdem zu zuschlagen. Manches lernen wir also nicht so einfach. Insbesondere bei physischen Erfahrungen wie Hitze oder Süße lernen wir schnell und automatisch. Bei innovativen Ideen ist das anders.

Es scheint für Menschen schwer zu akzeptieren, dass Vorhersagen über die Qualität einer Idee immer den Charakter einer Vorhersage haben. “Es wird nie ein größeres Flugzeug gebaut werden” sagte ein Boing-Ingenieur nach dem Jungfernflug der zweimotorigen 274, die gerade einmal zehn Menschen transportieren konnte. Offensichtlich lag der gute Mann mit seiner Vorhersage völlig daneben. Zahllose andere Beispiele sprechen dafür, dass bei nahezu jeder Innovation jemand, oft sogenannte Experten, gesagt hat, dass sich die Idee nie durchsetzen wird. So wie Darryl Zanuck, ein Filmproduzent bei 20th Century Fox im Jahr 1946 sagte: “Fernsehen wird sich nicht lange halten, denn Leute haben keine Lust jeden Abend in eine Sperrholzkiste zu starren.” Stimmt, der Teil mit dem Sperrholz ist wahr. Heute starren Menschen allerdings nicht erst Abends, sondern im Grunde fast den ganzen Tag in kleinere oder größere Kisten, Bildschirme und Smartphone-Screens. Wie können wir so dramatisch daneben liegen, wenn es um die Zukunft geht? Das Problem an Vorhersagen dieser Art ist eine statistische Verzerrung. Wieder ein Denkfehler: Da wir mehr Informationen über den Status Quo haben als über die Zukunft, fallen uns auch mehr Gründe ein, warum etwas in der Zukunft nicht funktionieren wird oder warum sich eine Idee ganz bestimmt nicht durchsetzt. Wir fragen uns ständig, warum die Welt so ist wie sie ist. Wir machen Sinn und vergessen dabei zu fragen, ob die Welt nicht auch vollkommen anders sein könnte.

Nach Jahrhunderten haben wir deswegen immer noch nicht gelernt, dass unsere Einschätzung einer Idee mindestens so häufig falsch ist wie sie richtig ist. Anstatt zu schlussfolgern, dass wir es einfach nicht wissen, geben wir unserem kognitiven Impuls nach und machen lieber falsche Vorhersagen als gar keine. Stellen Sie sich vor, Sie stehen vor einer nassen Wiese und fragen sich, warum das Gras so nass ist. Ihnen fallen zwei mögliche Gründe ein: entweder es hat geregnet oder der Rasensprenger war an. Sie zücken Ihr iPhone und schauen nach dem Wetter von gestern. Da ist es, es hat tatsächlich geregnet. Sie haben Ihre Erklärung. Wenn ich Sie jetzt frage, wie groß die Wahrscheinlichkeit ist, dass der Rasensprenger an war, würden Sie wahrscheinlich wie die meisten Menschen davon ausgehen, dass das sehr unwahrscheinlich der Fall war. Und darin zeigt sich eine Denkgewohnheit, die uns in die Irre führt. Causal Discounting[11] heißt der Effekt und beschreibt, dass wir eine mögliche Ursache für unwahrscheinlich halten, nachdem sich eine andere Ursache als richtig herausgestellt hat. Wir bevorzugen eine Ursache zu vielen, eine Erklärung ist besser als zehn. Das Problem besteht darin, dass überhaupt nicht klar ist, dass der Rasensprenger nicht an war. Nur weil es geregnet hat, heißt das überhaupt nichts. Der Rasensprenger hätte ja trotzdem an sein können. Im Endeffekt leiden viele Ideen unter dieser Denkgewohnheit, denn mit was auch immer Sie kommen, mir wird ein guter Grund einfallen, warum es nicht funktionieren wird und damit wird verdrängt, welche Gründe für Ihre Idee sprechen. Im Resultat bedeutet das dann häufig, dass wir Ideen nicht weiterverfolgen und dadurch nie erfahren, ob sie gut gewesen wären, was uns paradoxerweise erleben lässt, dass aus ihnen tatsächlich nichts wird. Allerdings nicht, weil sie nicht gut gewesen wären, sondern weil wir nichts aus ihnen gemacht haben. Muss das so sein? Ich glaube nicht. Menschen haben Kontrolle über einen Teil ihrer Gedanken und Impulskontrolle lässt sich trainieren. Wir können lernen, dass wir Ideen nicht intuitiv abschreiben, nur weil uns das richtig vorkommt. Wir können lernen, weniger Zucker zu essen, auch wenn das schwierig ist. Unser intuitives Verständnis der Zukunft ist so häufig falsch, dass wir lernen sollten nicht uneingeschränkt darauf zu hören. Dann haben sowohl unsere eigenen als auch die Ideen anderer die Chance sich tatsächlich zu beweisen.

Soziale Tiere unter sich: erst beurteilt, dann verurteilt

Innovatoren wissen, dass sie abhängig sind vom Urteil anderer, verlassen sich aber nicht auf deren Urteil.

Menschen sind soziale Tiere. Wir leben in großen Gruppen und nutzen unsere mentalen Kapazitäten unter anderem um andere um uns herum zu verstehen und zu beeinflussen. Wir sind es gewohnt zu interagieren und von anderen zu lernen. Wir haben auch gelernt, die Welt mit den Augen anderer zu sehen, weil wir verstanden haben, dass wir so besser vorhersagen können wie sich andere verhalten[12]. Über die Jahrhunderte hinweg wurde unsere soziale Realität immer komplexer. Das bedeutet, dass es immer mehr kognitive Kapazitäten gebraucht hat mit anderen zu agieren. Seit wir online kommunizieren und das ohne zeitliche Restriktionen, hat diese Komplexität weiter zugenommen. Gleichzeitig sehen wir heute eine nie da gewesene Geschwindigkeit in der Entwicklung und Umsetzung neuer Ideen. Daran wird auch deutlich, dass Innovation ohne Koordination und Interaktion zwischen Menschen kaum möglich ist. Die globale Vernetzung hat dazu geführt, dass mehr und mehr Menschen an Innovationsprozessen beteiligt werden und diese so wesentlich schneller fortschreiten. In Open Innovation Projekten haben Unternehmen wie Unilever und Coca-Cola längst erkannt, dass in der Zusammenarbeit mit Endverbrauchern auch innovative Produkte und Dienstleistungen entstehen können und es sich lohnt mehr Menschen auch außerhalb der Unternehmensgrenzen zu beteiligen. Der Bierbrauer Anheuser-Busch (AB) arbeitet beispielsweise mit 25.000 Konsumenten-Entwicklern zusammen um neue Biersorten zu entwickeln. Je mehr Menschen beteiligt werden, desto größer die Wahrscheinlichkeit gute Ideen zu erhalten und auch zu identifizieren.

Wir könnten jetzt annehmen, dass zunehmende Innovationen das Ziel unserer kognitiven Weiterentwicklung war. Oder in anderen Worten, die Evolution hat dafür gesorgt, dass wir schlau genug werden um international innovativ zu sein. Der Denkfehler hierbei: evolutionäre Prozesse, so wie die Gesamtheit aller Innovationen, haben kein konkretes Ziel. Es gibt da keinen optimalen Endzustand, auf den alles zusteuert. Menschen haben Bedürfnisse, und was wie ein gezieltes Vorgehen aussieht, ist oft eine kurzfristige Anpassung, die übermorgen schon wieder obsolet sein kann. Was heute eine gute Idee ist, muss morgen überhaupt nicht gut sein. Menschliche Bedürfnisse gibt es viele. Für Innovationen ist aber besonders eines relevant: Menschen streben danach ein möglichst gutes Bild davon zu bekommen wie die Welt funktioniert und dieses Bild durch andere bestätigen zu lassen. Ohne andere Menschen und deren Sichtweise auf die Dinge wüssten wir nicht, ob das, was wir vor uns haben wirklich ist oder nur für uns so aussieht. Wir brauchen die Bestätigung anderer nicht für unser Ego, obwohl es sicher nicht schadet, sondern für die Bestätigung unseres Weltbildes[13]. Diese soziale Validierung unserer Sicht ist ein so großer Antrieb, dass wir bereit sind vieles für ihn zu opfern, zum Beispiel unsere Ideen. Ideen sind sehr zerbrechlich und manchmal reicht ein Stirnrunzeln um eine gute Idee für immer ins Abseits zu stellen. Unser Bedürfnis nach sozialer Validierung sorgt dafür, dass es uns wichtiger ist von anderen akzeptiert zu werden als es ist eigene Ideen durchzusetzen. Wir sind soziale Tiere und das können wir auch nicht ändern, aber wir haben die Wahl, ob wir für unsere eigenen Ideen einstehen oder sie dem Spielball von Bedürfnissen auszusetzen, die letztendlich mit den Ideen überhaupt nichts zu tun haben.

Wir sind interessiert daran, gut dazustehen, beliebt zu sein, Anerkennung und Respekt für unsere Leistungen zu erhalten. Bei innovativen Ideen ergeben sich zwei Möglichkeiten das zu tun: die erste ist selbst zum Innovativen zu werden und durch brillante Ideen zu glänzen. Das ist riskant, denn wir wissen nicht wie gut unsere Ideen wirklich ankommen bevor wir sie ausgesprochen haben. Das ist außerdem sehr anstrengend, weil für jede Idee, aus der etwas wird, unzählige andere Ideen gebraucht werden, aus denen nichts wird. Die zweite Möglichkeit ist wesentlich einfacher und kostet weitaus weniger Energie. Anstatt selbst mit Ideen beizutragen, können wir die Ideen anderer hinterfragen, kritisieren, auseinandernehmen oder für Blödsinn erklären. Auch damit lässt sich Respekt verdienen. Kein Wunder also, dass es gute Ideen wirklich schwer haben.

Innovation ist also aus vielen Gründen heraus eine komplexe und anstrengende Sache und da wir von Natur aus jede unnötige Anstrengung vermeiden, stehen wir vor einem Dilemma. Auch wenn Sie es genießen, die Ideen anderer auseinanderzunehmen, wird es spätestens dann anstrengend, wenn Sie Ihre eigenen Ideen verteidigen müssen. Am Ende geht es für alle von uns darum unsere Ideen weiterzugeben. So hinterlassen wir unseren Fußabdruck auf diesem Planeten. Es wird also anstrengend, so oder so. Entweder wir müssen immer wieder ertragen, dass andere unsere Ideen attackieren oder wir müssen aushalten, dass wir selbst nicht attackieren sollten, auch wenn sich die Gelegenheit ergibt. Wenn das genug Menschen machen, dann haben wir erreicht, was viele Unternehmen mit diesem großen Wort für eine kleine Sache beschreiben: wir haben dann eine Innovationskultur.

Die Regel: für jede Idee, die wir kritisieren, müssen wir zwei neue Ideen einbringen. Seit ich mich an diese Regeln halte, lande ich viel häufiger in der Situation bei vielen Vorschlägen meinen Mund zu halten, aber meiner Reputation hat das überhaupt nicht geschadet.

Überzeugend: warum Ideen nicht für sich sprechen

Innovatoren wissen, dass ihre Ideen nicht für sich sprechen.

Menschen verwechseln "einfach" mit "gut", beziehungsweise schließen wir schnell von einem auf das andere. Wenn Schüler im Matheunterricht nichts verstehen, zweifeln sie nicht an sich selbst, sondern finden Mathe doof. Weil Mathe nicht einfach ist, ist es nicht gut. So ist das oft auch bei Ideen, die wir nicht verstehen. Im Gegenzug finden wir einfache Ideen überzeugender als sie eigentlich sein sollten. Innovatoren erkennen die Verantwortung, die sich daraus ergibt.

Erinnern Sie sich an Ihren Matheunterricht? Erinnern Sie sich an Momente, in denen Sie eine Sache einfach nicht verstanden haben? In solchen Situationen gibt es viele, die versuchen zu helfen. Meistens die, die es bereits verstanden haben. Genau diese Hilfe führt aber selten dazu, dass wir die Sache verstehen. In den meisten Fällen kommt uns eine Erkenntnis, wenn wir versuchen uns eine Sache selbst zu erklären. Die besten Lehrer helfen uns Dinge selbst zu erklären anstatt sie erklärt zu bekommen. Versetzen wir uns in die andere Position: angenommen, wir hätten eine Sache verstanden, aber einige andere noch nicht. Da wir unser Aha-Erlebnis bereits hatten, ist es für uns jetzt schwierig nachzuvollziehen, warum andere es noch nicht verstehen und wir versuchen zu helfen indem wir erklären.

Ich habe Mathe schon immer gemocht. Und der Grund dafür liegt zumindest teilweise in der Art uns Weise, wie meine Mutter mir half Dinge zu verstehen. Meine Mutter hatte eine einfache Strategie. Wenn ich in einer Aufgabe nicht weiterkam oder etwas nicht verstand, konnte ich ihr Fragen stellen und sie antwortete. Meine Mutter agierte wie eine Suchmaschine, wie ein Wikipedia für Mathe. Ich musste eingeben und es kamen Informationen, aber verstehen musste ich selbst. Ich lernte früh gute Fragen zu stellen. Denn schlechte Fragen gaben mir Antworten, die ich nicht gebrauchen konnte. Heute helfe ich meinen Klienten selbst gute Fragen zu stellen, mit dem Ziel Ungedachtes zu denken und Ungefragtes zu fragen. Denn sobald ich weiß, was genau mein Problem ist, kann ich auch nach Antworten suchen, die mir helfen. Das ist bei Ideen und Innovationen nicht anders. Alles beginnt mit den richtigen Fragen.

Nur weil wir eine Idee für gut halten - meistens übrigens unsere eigene - können wir nicht erwarten, dass andere das auch tun. Viele StartUps, mit denen ich an genau diesem Thema gearbeitet habe, erleben das, was Psychologen Overconfidence nennen. Zu unseren mentalen Strategien gehört eben auch, dass wir unsere eigenen Fähigkeiten ständig überschätzen. Die meisten Menschen tun dies und das ist eine gute Sache. Wahrscheinlich ist es einer der wichtigsten Treiber für das Lernen neuer Skills. Würden wir ständig nur versuchen, was wir schon können, würden wir kaum Lernfortschritte erzielen. Wir überschätzen uns selbst und das gibt uns den Mut neues zu versuchen, ein bisschen weiter zu gehen als wir eigentlich sollten. Es gibt also einen evolutionären Grund, warum es sich für uns lohnt uns selbst zu überschätzen und unsere eigenen Ideen für besser zu halten als sie eigentlich sind. Wie viele andere Denkgewohnheiten auch ist Overconfidence eine Strategie mit vielen Effekten. Einige sind gut, wie die Auswirkungen auf unsere Neugier und unseren Mut Neues zu wagen. Andere sind weniger hilfreich. Wenn wir andere von unseren Ideen überzeugen wollen, sind wir immer in der Gefahr davon auszugehen, dass unsere Ideen für sich selbst sprechen. Der False Consensus Bias sorgt dafür, dass wir den Mut entwickeln eine Idee mit anderen zu teilen und gleichzeitig davon ausgehen, dass andere die Idee dann genauso sehen wie wir das tun. Aber nur weil ich verstanden habe, wie wertvoll, nützlich, profitabel und relevant meine Idee ist und ich vollends überzeugt bin, dass sie die Welt verändern wird, heißt das noch lange nicht, dass andere das auch so sehen. Die Idee selbst spricht nicht für sich. Wir tun das. Wir sprechen für unsere Ideen. Wir verteidigen sie, wir erklären sie, wir wählen aus, welche Informationen wir präsentieren und welche nicht. Wir definieren, welches Problem unsere Idee löst, wer dieses Problem hat und warum das so relevant ist. Wir entscheiden, welche Beispiele wir nutzen um verständlich zu machen, dass sich unsere Idee lohnt. Es ist deswegen unsere Verantwortung dafür zu sorgen, dass unsere Zuhörer, Leser und alle mit Interesse gute Antworten auf vorhersehbare Fragen bekommen.

Ganz konkret: Ideen sprechen nicht für sich selbst, wir tun das. Mit Metaphern, Beispielen und den Problemen, die sie lösen. Häufig verwenden wir zu wenig Zeit und Ressourcen auf die richtige Kommunikation einer Idee, weil wir von einem falschen Konsens ausgehen, also davon, dass andere unsere Ideen so gut finden wie wir selbst. Dass das nicht so ist, lässt sich einfach demonstrieren. Wenn Ideen präsentiert werden, werden sie danach üblicherweise diskutiert. Sie werden kritisiert und in Frage gestellt. Würden andere unsere Ideen so sehen wie wir das tun, gäbe es keine Diskussionen. Wir wären schlicht durch die Idee schon überzeugt. Das sind wir aber nicht. Wir testen, hinterfragen, wir denken skeptisch und kritisch. Gleichzeitig gehen wir insgeheim davon aus, dass andere uns schon zustimmen werden.

Keine Chance: was tun, wenn alles dagegen spricht

Innovatoren wissen, dass immer mehr gegen eine Idee spricht als dafür.

Neben dem False Consensus und der Overconfidence, die systematische Überschätzung unserer Fähigkeiten und Skills, stehen unsere Ideen vor einer Herausforderung, die ihnen häufig dann doch den Wind aus den Segeln nimmt. Ideen haben es oft schwer unsere Denkgewohnheiten zu überleben und das aus einem recht einfachen Grund: unser Wissen. Die Vergangenheit, alles, was hinter uns liegt, verwandelt sich in Wissen und Erfahrung. Wir lernen und leiten Prinzipien ab aus dem, was wir gelernt haben. Wir analysieren Zusammenhänge, verstehen Geschichte (mehr oder weniger) und sehen, wie wir dort gelandet sind, wo wir heute sind. Die Zukunft hingegen scheint etwas völlig anderes zu sein. Wir wissen im Grunde nichts, wir können spekulieren, aber nichts belegen. Wir versuchen vorherzusagen und scheitern fast immer. Die Zukunft ist oft überraschend anders als gedacht, aber wenn sie vorbei ist, wirkt sie oft als hätte es gar nicht anders kommen können.

> *"Es ist wahr, was die Philosophie sagt, dass das Leben rückwärts verstanden werden muss. Aber darüber vergisst man den anderen Satz: dass vorwärts gelebt werden muss." – Sören Aabye Kierkegaard*

Menschen versuchen die Zukunft zu entschlüsseln, indem sie vom Status Quo auf einen möglichen nächsten Zustand der Welt schließen. Dabei haben wir immer nur das Wissen von heute und unsere Vorhersagen unterschätzen die Dynamik, die unsere Zukunft völlig anders aussehen lassen kann als wir heute denken. Morgen allerdings, wenn wir zurückblicken, scheint alles logisch miteinander verknüpft und wir erkennen, warum alles genau so kommen musste wie es kam. In vielen Fällen glauben wir sogar, wir hätten vorhersehen können, was dann passiert ist, obwohl dem nicht so ist. Hindsight Bias heißt dieser Effekt in der Psychologie und bezeichnet eine stabile Denkgewohnheit. Im Nachhinein weiß ich genau, warum ich heute mitten in München im Stau gelandet bin. Schließlich hat Bayern gespielt und da war noch dieses Innenstadtkonzert. Klar weiß ich über die Ursachen des Staus im Nachhinein bescheid. Dass dem nicht so ist, beweist alleine die Tatsache, dass ich ja trotzdem im Stau gelandet bin, es also vorher nicht so klar war, was passieren würde. Tatsächlich wissen wir kaum etwas über die Zukunft und das liegt an der Komplexität der Welt, in der wir leben. Es sind so viele Faktoren, die zusammen unsere Zukunft beeinflussen, dass lineare Vorhersagemodelle scheitern müssen. Wir wissen, dass das, was wir heute tun mit dem zu tun hat, was morgen passiert. Aber wir haben keine Ahnung, wie sich das heute auf das morgen auswirkt. Wir können es also nicht vorhersagen, obwohl es eine kausale Verbindung gibt. Wir leben im Chaos und haben uns daran gewöhnt.

Chaos erzeugt Unsicherheit. Da wir es behandeln wie Zufall, erliegen wir dem Denkfehler, dass wir überhaupt nichts tun können, was mit unserer Zukunft zu tun hat. Das können wir aber sehr wohl. Nur wissen wir nicht, was das, was wir tun genau auslösen wird.

> *"People know what they do; frequently they know why they do what they do; but what they don't know is what what they do does." - Michel Foucault*

Nichts zu tun ist jedenfalls keine zufrieden stellende Option, denn wir wissen auch nicht, was passiert, wenn wir nichts tun. Wird sich dann nichts verändern? Die Wahrscheinlichkeit ist groß, dass sich die Welt genauso schnell verändert wie sie das jetzt auch tut, nur unser Gefühl ist ein anderes. Ideen leben auch in einem chaotischen Raum. Wir wissen nicht genau, was sie auslöst oder woher sie kommen, aber wir sehen auch, dass sie nicht zufällig entstehen. Ideen lassen sich oft nicht auf ihren Ursprung zurückverfolgen, weil der Prozess komplex und chaotisch ist. Wir wissen schlicht nicht, was eine Idee ausgelöst hat, aber bedeutet das, dass es keinen Auslöser gab?

Warum spricht also alles dagegen, wenn eine neue Idee zum ersten Mal auftaucht? Naja, da wir nicht wissen, wie die Zukunft wird, können wir neue Ideen nur anhand dessen beurteilen, was wir kennen. Also anhand von allem, was wir heute wissen. Wenn nichts gegen eine neue Idee spricht, dann ist die Idee nicht neu. Wenn alles gegen eine neue Idee spricht oder ihre Umsetzung unmöglich erscheint, dann geht die Idee von einer Welt aus, in der wir noch nicht leben. Dass wir sie dann nicht richtig einschätzen, ist nicht verwunderlich. Wie sollten wir auch? Wenn wir heute überlegen, warum wir einen Kühlschrank mit Internetverbindung kaufen sollten, bewerten wir den Nutzen des Kühlschranks an dem, was wir kennen. Ein Kühlschrank braucht heute keinen Internetanschluss, weil wir noch nicht wissen, dass in der Welt von morgen unser Kühlschrank für uns einkaufen geht. Damit er das kann, muss er Zugang zum Online Shopping unseres Supermarktes haben. In dieser neuen Welt wäre es sehr ärgerlich, wenn unser alter Kühlschrank keine Internetverbindung hätte und wir manuell eingeben müssten, was uns geliefert werden soll. Nur weil eine Idee heute nutzlos, sinnlos, blödsinnig oder nicht umsetzbar erscheint, heißt das nicht, dass wir uns nicht kurze Zeit später wundern, wie wir ohne diese Idee je funktioniert haben. Stellen Sie sich eine Welt ohne Emails oder

Smartphones vor. Aus heutiger Sicht sind das wohl gute Ideen. Ich erinnere mich aber noch gut an die Worte meiner Eltern, die insbesondere Mobiltelefone nicht nur für überflüssig, sondern für eine echte Gesundheitsgefahr hielten und heute nicht mehr auf ihre Smartphones verzichten könnten. Die Idee war also offensichtlich nicht immer schon gut. Sie ist, ohne sich zu verändern zu einer guten Idee geworden und das alleine deswegen, weil sie aus der Zukunft in die Gegenwart gewandert ist.

Ganz konkret: Überlegen Sie sich genau, was alles gegen eine Idee spricht und überlegen Sie sich dann, wie eine Welt aussehen könnte, in der Ihre Einwände keine Einwände mehr sind. Ihre Vorstellung ist die beste Basis um Ideen zu bewerten, auch wenn uns Zahlen und Fakten natürlich lieber wären. Nur leider kommen die eben aus der Vergangenheit und selten aus der Zukunft.

Vorhersagbarkeit: warum wir fast nichts über morgen wissen

Innovatoren wissen, dass sie nicht von der Vergangenheit auf die Zukunft schließen können.

Menschen haben das Bedürfnis zu verstehen, zu beeinflussen und zu kontrollieren, was in ihrer Welt passiert. Wir können nicht leben mit dem Gedanken einer Welt, in der Dinge einfach zufällig passieren. Selbst in einer chaotischen Welt wollen wir nicht leben. Wir brauchen Gründe, wir leben von Gründen. Alles, was wir verstehen, basiert auf Ursachen und deren Wirkung. Wenn Gründe nicht mehr stimmen, können sie nur durch neue Gründe ersetzt werden. Das Ausbleiben von Gründen ist für unser Denken keine Option. Ursachen und Wirkungen sind so essenziell wichtig für uns, dass wir in Kauf nehmen damit die Welt so stark zu vereinfachen, dass dabei Fehler quasi vorprogrammiert sind.

In seinem Buch "Antifragile"[14] beschreibt der Philosoph Nicholas Taleb Systeme, die von Zufall profitieren. Antifragil nennt er diese Systeme, weil sie wie eine Box funktionieren, deren Inhalt nicht zerbricht, wenn man ihn schüttelt, sondern dadurch an Stabilität gewinnt. Kreatives Denken und das Lösen komplexer Probleme ist ebenfalls antifragil. Je mehr wir unsere Box schütteln, desto stabiler wird unsere Lösung. Nur fühlt sich das nicht so an.

Stellen Sie sich vor, Sie sind 16 Jahre alt und lernen für eine Matheprüfung. Sie rechnen Übungsaufgaben und vergleichen anschließend ihr Ergebnis mit den Lösungen ganz hinten in Ihrem Mathebuch. Sie lösen eine Aufgabe nach der anderen richtig bis Sie schließlich ein falsches Ergebnis bekommen. Irgendetwas in Ihrer

Rechnung stimmt nicht. Sie rechnen die Aufgabe noch einmal durch und erhalten ein neues Ergebnis, wieder falsch. Möglicherweise ist da ein Fehler im Buch. Sie geben noch nicht auf und versuchen jetzt herauszufinden, woran es liegt. Sie gehen Ihre Rechnungen Schritt für Schritt durch bis Sie schließlich merken, dass Sie sich bei einer kleinen Teilrechnung verrechnet haben und das hat Ihr ganzes Ergebnis verzerrt. Jetzt wollen Sie auch wissen, wie Sie dann beim zweiten Mal auf ein anderes Ergebnis kommen konnten. Sie rechnen nach und finden noch einen anderen kleinen Rechenfehler, der Sie auf eine andere Bahn gebracht hat. Nun kommen Sie auf das Ergebnis, das im Buch als korrekt angegeben ist und machen mit der nächsten Aufgabe weiter. Was hat das mit Innovation oder Antifragilität zu tun?

Aus welcher Ihrer Matheaufgaben haben Sie am meisten gelernt? Aus den richtig gerechneten Aufgaben oder denen mit Fehlern? Die Wahrscheinlichkeit ist groß, dass Sie aus der Aufgabe mit den zwei Fehlern wesentlich mehr gelernt haben als aus allen anderen zusammen. Warum? Weil wir Menschen darauf trainiert sind bei Fehlern nach den Gründen zu suchen. Sobald wir die Gründe verstehen, können wir beim nächsten Mal vermeiden den gleichen Fehler wieder zu machen. So funktioniert menschliches Lernen und so hat es auch immer funktioniert. Lernen ist antifragil. Je mehr schief geht, desto mehr können wir lernen. Sie können das durch eine zweite einfache Frage testen: wenn Sie im Mathebuch die Lösung sehen und Sie sind zum gleichen Ergebnis gekommen, glauben Sie dann Sie hätten richtig gerechnet oder glauben Sie dann Sie seien trotz einer falschen Rechnung zufällig auf das richtige Ergebnis gekommen? Unwahrscheinlich, oder? Bei einem richtigen Ergebnis fragen wir uns nicht, bei einem falschen schon. Wenn Sie aber wissen, dass Ihnen ab und zu Rechenfehler unterlaufen, dann bedeutet ein korrektes Ergebnis noch lange nicht, dass Sie richtig gerechnet haben. Aber genau das denken wir.

Stellen Sie sich vor wir könnten in unserem Buch nicht überprüfen, was die richtige Lösung ist. Wie würden wir dann wissen, was richtig und was falsch ist? Wenn wir nach kreativen Lösungen suchen, müssen wir Fehler machen und aus ihnen lernen. Wenn wir verhindern, dass wir Fehler machen, dann verhindern wir auch kreative Lösungen. Einen großen Unterschied gibt es allerdings zwischen Matheaufgaben und Innovationen. Der große Unterschied ist der Zeitabstand bis Sie erfahren, dass Sie richtig oder falsch liegen. Bei Innovationen erfahren Sie das erst, wenn Ihre Idee Erfolg hat. Bei den meisten Ideen erfahren Sie das möglicherweise nie, weil Sie nie umgesetzt werden. Kreatives Denken lebt von Fehlern, aus denen wir lernen können, obwohl wir nicht wissen, was richtig und was falsch ist. Dazu brauchen wir Antifragilität. Wir brauchen also eine Portion Chaos, denn sonst machen wir unsere Aufgaben im Gefühl, dass wir schon richtig rechnen, obwohl wir das möglicherweise gar nicht tun. Das Chaos sorgt dafür, dass wir neue Rechenwege ausprobieren, dass wir viele Lösungen für eine Aufgabe finden und dann die beste auswählen, und es sorgt dafür, dass wir nicht davon ausgehen, dass wir automatisch richtig gerechnet haben, nur weil das Ergebnis so aussieht als könnte es richtig sein.

Die kontinuierliche Suche nach Gründen sorgt auch dafür, dass wir uns sicher fühlen von heute auf morgen zu schließen unter der Fehlannahme, dass morgen die gleichen Ursachen mit den gleichen Wirkungen einhergehen wie heute. Wir leben in einer Welt, in der die Lösung einer Matheaufgabe morgen eine andere ist als heute. Und beide Lösungen sind korrekt, nur eben zu unterschiedlichen Zeitpunkten. So wurde beispielsweise die Entwicklung der Atomenergie zu Beginn als die Lösung für Energiefragen der Zukunft gefeiert, heute sehen wir das deutlich kritischer. Anders als in der Mathematik gibt es in der Realität kaum Ideen, die für immer bestehen, weil sie ein Problem lösen. Ein gut laufendes Unternehmen kann heute eine Liste mit eintausend Gründen zusammenfassen, warum es so gut läuft und schon am Ende der Woche bankrott sein. Es gibt keine Garantien, dass die Ursachen, die heute für Erfolg sorgen dies morgen auch noch tun. Dafür ist unsere Welt zu dynamisch. Wir brauchen Chaos, damit wir Fehler machen, die für Lernen, Fortschritt und Innovation sorgen. Sonst laufen wir Gefahr fragile Systeme zu entwickeln, die sich auf die Gründe von gestern verlassen um morgen erfolgreich zu sein und sich damit langfristig selbst zerstören.

TEIL 2
DIE LÖSUNG

Phase 1 - Konstruieren

Vollständig: was wissen wir wirklich?

Wenn wir beginnen ein komplexes Problem zu lösen, müssen wir uns im ersten Schritt klar sein, was genau eigentlich das Problem ist. Besonders am Anfang sind komplexe Probleme überwältigend und bringen uns oft ungewollt an unsere Grenzen. Wenn wir unsere Grenze erreicht haben, verlieren wir den Glauben an die Lösbarkeit des Problems. Das versuchen wir natürlich zu verhindern. In komplexen Szenarien gibt es immer Lösungen, manche sind besser, manche schlechter, einige sind kurzfristig toll und andere greifen erst auf lange Sicht. Entscheidend ist das richtige Vorgehen beim Identifizieren der einzelnen Schritte hin zur Lösung.

Wenn wir versuchen Klarheit über ein Problem zu gewinnen, spielen drei Faktoren eine große Rolle: Vollständigkeit der Problemstellung, Relevanz der Lösung und Restriktionen, die den Möglichkeitsspielraum einschränken.

Ich sitze am Konferenztisch eines Berliner Non-Profit Unternehmens, das mich beauftragt hat ihre Innovationsprozesse zu analysieren. Ich freue mich auf das Meeting, auch wenn ich heute nur als Beobachter dabei bin. Der gesamte Vorstand arbeitet daran neue Zielgruppen und potenzielle Spender auszumachen. Ich bin gespannt. Der Vorsitzende trägt ein graues Jackett über einem T-Shirt. Er erhebt sich aus seinem Stuhl, schnappt sich einen Marker und geht zum Flipchart. Während ihm alle Blicke folgen, eröffnet er die Sitzung. “Wir sollten heute mit einem Brainstorming starten. Wen können wir uns als potenzielle Unterstützer vorstellen?” fragt er bestimmt in die Runde. “Ich glaube wir sollten auf die breite Masse setzen" kommt es von rechts, gefolgt von einem schnellen "sehe ich auch so, die breite Masse hat das größte Potenzial" von links. "Ok, dann müssen wir herausfinden, wie wir die breite Masse für uns begeistern…" erläutert der Vorsitzende. Nach kurzer Stille passiert dann das, was viele fälschlicherweise als Brainstorming bezeichnen: eine Sammlung aller möglichen, längst bekannten Tools und Methoden die breite Masse anzusprechen. Nach 25 Minuten und drei vollgeschriebenen Flipchartbögen beendet der Vorsitzende schließlich die Sammlung mit einem deutlichen "so", einem dieser kurzen Signale, die jeder versteht und in Übersetzung so viel heißt wie "das reicht, ist genug, nächstes Thema". Wie sich herausstellen sollte, war dem nicht so. Es waren weder genug, noch die richtigen Ideen und alles hatte mit der falschen Frage begonnen. Aber warum?

Anstatt ständig neue Weltbilder und Sichtweisen auf Dinge zu erlangen, versuchen Menschen ihre Version der Welt zu validieren. Wir suchen also von Natur aus eher nach Bestätigung unserer Sichtweise als nach Neuem. Bei der Konstruktion von Problemen mit möglichst innovativen Lösungen geht es darum einige Gewohnheiten dieses Vorgehens zu ändern. Insbesondere in Gruppen habe ich häufig beobachtet, dass mehr Wert auf konsensfähige Ideen gelegt wird, auf die sich also alle schnell einigen können. Dabei wird oft nicht entschieden, welche die beste Idee auf dem Tisch ist, sondern vielmehr, welche Idee mit dem vorhandenen Wissen aller im Raum am besten kompatibel ist.

So wie wir uns in Smalltalk-Situationen gerne über das Wetter unterhalten, weil das jeder sehen kann und wir vermuten können, dass wir das Wetter alle ähnlich sehen, so sind wir bei der Problemkonstruktion auch schnell dabei uns über genau die Aspekte des Problems zu einigen, die alle kennen und die restlichen zu ignorieren. So entstehen Hidden Profiles[15], also Lücken im eigentlich verfügbaren Wissen. Jeder der Teilnehmer in der Non-Profit Sitzung kannte spezifische Gruppen, die als Spender in Frage kämen, vom semi-professionellen Handballverein und seinen Fans bis zum Schachclub und seiner jährlichen Meisterschaft, vom Rotariertreffen bis zum Buchclub. Die Schwierigkeit bestand darin die unterschiedlichen, ganz individuellen Zugänge zu Zielgruppen zusammenzutragen. Das wäre anstrengend gewesen. Viel einfacher war es über die breite Masse zu sprechen und das "wie" anstelle des "wer" zu bearbeiten. In allen Gruppen gibt es Wissen, zu dem alle Zugang haben und Wissen, das nur einer Person im Raum zur Verfügung steht. Unser Drang die gleiche Weltsicht wie alle anderen zu haben verleitet uns dazu, unser eigenes individuelles Wissen seltener einzusetzen als wir sollten. Besonders in eingespielten Gruppen liegt das wahre Potenzial in dem, was der Einzelne ganz spezifisch beitragen kann und nicht in dem, was jeder beitragen könnte. Im Beispiel wäre also eine gute Frage gewesen, welche Nichen-Zielgruppen wir identifizieren und wie wir sie gezielt ansprechen können.

Schon bei der Problemkonstruktion sollten wir darauf achten, dass die Fragen, die wir stellen nicht verzerrt werden durch das Bedürfnis über Dinge zu sprechen, die uns allen bekannt sind. Wahrscheinlich haben Sie selbst schon beobachtet, wie Teams immer wieder Lösungen für die gleichen Fragen suchen und irgendwie nicht zu befriedigenden Lösungen kommen. Die Wahrscheinlichkeit ist in einem solchen Fall hoch, dass an der falschen Frage gearbeitet wird. Formulieren Sie deswegen immer bevor Sie anfangen so viele Versionen der Fragestellung, wie Ihnen einfallen. Erst dann beginnen Sie mit der Beantwortung einer Frage. Wenn Sie dann steckenbleiben, versuchen Sie eine andere Frage von Ihrer Liste.

Versuchen wir uns beispielhaft an der Universität der Zukunft. Hier einige Fragen, die dafür sorgen sollten, dass wir uns nicht zu schnell einigen, wie diese Universität aussieht. Denn wir wissen, dass unsere erstbeste Idee wahrscheinlich nicht die bestmögliche ist.

- Was sind die Kernfunktionen einer Universität?
- Welche Trends in der Welt könnten einen Einfluss auf die Universität der Zukunft haben?
- Wie sähe die ideale Universität der Zukunft aus?
- Welche Aufgaben wird die Universität der Zukunft erfüllen müssen?
    - Forschung
        - Welche Forschungsbereiche wird die Universität der Zukunft anbieten?
        - Welche Rolle spielen Globalisierungs-tendenzen im Forschungsumfeld?
        - Wie kann die Universität der Zukunft für hochwertige Forschung sorgen?
        - Was kann die Universität der Zukunft hochkarätigen Forschern bieten?
        - …
    - Lehre
        - Auf welche Arten können Lerninhalte vermittelt werden?
        - Welche Rolle wird die Digitalisierung von Wissen für die Lehre bedeuten?

    - Wie viele Möglichkeiten gibt es für die Interaktion zwischen Lehrenden und Studenten?
    - Welche Rolle werden Studenten in der Universität der Zukunft spielen?
    - …
- Administration
- Austausch
- Akkreditierung
- …

Restriktiv: was können wir trotzdem tun?

Eine wirklich einfache, aber entscheidende Lektion für das Lösen komplexer Probleme habe ich bei Steven Covey gelernt. Den Fokus auf Dinge legen, die wir verändern können. Ich bin sicher viele von Ihnen haben davon gehört. Wenn wir uns einem komplexen Problem ausgesetzt sehen, ist es wichtig nicht den Überblick zu verlieren. Eine wichtige Komponente dieses Überblickes ist das, was Steven Covey als den Circle of Concern beschreibt, in dem sich alles abspielt, auf das wir Einfluss haben. Dagegen verlieren wir uns häufig und sehr schnell im Circle of Concern, in dem alles bleibt, was uns zwar betrifft, was wir aber nicht direkt beeinflussen können. Steven Covey hat eigentlich nicht über Fortschritt oder Innovation gesprochen, aber in meinen Workshops habe ich schnell gemerkt, dass es ein großes Hindernis darstellt Einschränkungen zu diskutieren, an denen sich nichts ändern lässt. Bei innovativen Fragestellungen ist das nicht nur ineffizient und zeitraubend, es ist für den gesamten Prozess der Ideenfindung schlecht. Menschen, die zu lange und intensiv darüber nachdenken, welche Einschränkungen bei ihrem Problem die Suche erschweren, verlieren den Mut und die Geduld sich Gedanken über Lösungen zu machen, die außerhalb des Gewohnten liegen. Das bedeutet natürlich nicht, dass wir uns keine Gedanken über Einschränkungen und Schwierigkeiten machen sollten. Das nicht zu tun wäre schlicht naiv und sicherlich nicht nachhaltig. Allerdings müssen wir darauf achten nach dem Sammeln von Einschränkungen schnell auf die Seite der Lösungen zu wechseln und für jedes Teilproblem individuell über Lösungsansätze nachzudenken.

Eine Technik, die genau diesem Ansatz folgt, eignet sich besonders für Teams, die noch nicht viel Erfahrung mit dem schnellen Generieren von Lösungen haben. Negatives Brainstorming können Sie nutzen, um systematisch mit Restriktionen umzugehen.

Sie gehen vom Status Quo aus, also vom heutigen Stand Ihres Unternehmens, Ihrer Karriere oder irgendeinem Problem, dem Sie sich widmen wollen. Angenommen wir wollten uns Gedanken über unseren Job machen. Wir überlegen uns also, was am Status Quo alles nicht gut ist: der Chef nervt, es bleibt kaum Zeit für wichtige Dinge, wir verlieren Zeit im Verkehr jeden morgen, wir entwickeln uns nicht weiter, vieles an der Arbeit macht keinen Spaß, die Bezahlung könnte auch besser sein. Ich bin sicher uns fallen noch viele weitere Dinge ein im negativen Brainstorming. Aber nun zum nächsten Schritt: wir wechseln auf die Lösungsseite und nehmen uns jeden einzelnen negativen Punkt vor. Was können wir tun, damit der Chef uns weniger nervt? Sammeln Sie so viele Lösungen wie Ihnen einfallen. Wie bekommen Sie mehr Zeit für wichtige Dinge? Das gleiche Spiel, so viele Lösungen wie Sie können. Sie sehen, was passiert. Am Ende stehen Sie vor einer Reihe Lösungsansätze und haben ein klares Bild davon, was genau das Problem ist. Häufig habe ich im Coaching den Satz gehört: "ich brauche einen neuen Job", aber bei den wenigsten kam es auch zum Jobwechsel. Das liegt nicht nur daran, dass viele zwar sagen, dass sie einen neuen Job suchen, es aber nicht wirklich so meinen. Es liegt vor allem daran, dass nicht im Detail durchdacht ist, was genau eigentlich das Problem ist. Was, wenn wir gar nicht wissen, was am neuen Job genau anders sein soll? Der neue Job könnte dann aber voll am Problem vorbeizielen und es somit gar nicht lösen. So ist das eben mit komplexen Problemen. Ob wir über unsere Karriere nachdenken oder den Fortschritt unseres Unternehmens, über soziale Missstände oder technologische Innovationen. Solange wir nicht definieren, was genau eigentlich das Problem am Problem ist, bleiben uns tatsächliche Lösungen vorenthalten. Ich habe in den letzten fünf Jahren einige Unternehmen begleitet, die nach Innovationen schreien, aber gar nicht wissen, welches Problem sie damit eigentlich lösen wollen. Es ist richtig, dass sich Unternehmen ständig wandeln müssen, um zu existieren. Nachhaltigkeit entsteht durch Anpassungsfähigkeit. Aber es lohnt sich gezielt zu überlegen, welche Problemstellung genau wir angehen wollen. Das rechnet sich später vielfach auf der Seite der entstehenden Lösungen.

“Aber wir haben weder das Geld noch die Zeit...” Kein Geld, keine Zeit - Einschränkungen haben wir immer. An einigen lässt sich etwas ändern, an den meisten nicht. Konsequent an denen zu arbeiten, die wir ändern können und die zu ignorieren, die wir nicht ändern können, sorgt für aktives Problemlösen anstelle von Abwarten, Zögern und Aussitzen. Strategien, die sicher nicht dabei helfen Probleme nachhaltig zu lösen. Die zwei größten Restriktionen, Geld und Zeit, sind durchaus ernst zu nehmen. Nur über den richtigen Zeitpunkt der Bedenken sollten wir uns klar werden. Während sie dem Generieren von Lösungen im Weg stehen, sollten sie bei der Bewertung und natürlich beim 'machbar machen' eine wichtige Rolle spielen. Wenn wir nach Lösungen suchen, sollten wir uns also vorstellen, wie es wäre, wenn Geld und Zeit keine Rolle spielten. Beim anschließenden Weiterentwickeln der Ideen verschiebt sich die Frage dann zu: wie setzen wir unsere Ideen trotz begrenzter Zeit und knapper Ressourcen um?

Es kommt also darauf an, ein Problem möglichst vollständig zu erfassen, bevor wir loslegen über Ideen nachzudenken. Dabei stoßen wir auf Einschränkungen oder Restriktionen für unseren Problemraum, so wie Geld- oder Zeitmangel. Ob durch negatives Brainstorming oder strukturiertes Auflisten, eine Sammlung dieser Restriktionen gehört zur ersten Phase des Problemlösens. Danach allerdings geht es vor allem darum die Restriktionen gezielt zu ignorieren, die wir nicht beeinflussen können. Erst am Ende von Phase 2, dem Generieren von Ideen, sehen wir uns die Restriktionen wieder an. Bis dahin spielen sie für unsere Suche vorerst keine Rolle.

Konkret bedeutet das also, dass wir auch Geld und Zeit ignorieren, vorausgesetzt wir können an beiden nichts ändern. Genau genommen können wir das ja manchmal schon. Falls aber in einem bestimmten Fall nicht, zum Beispiel weil ich in einem Unternehmen an die Zeit- und Budgetvorgaben gebunden bin, dann ignoriere ich diese Einschränkung ganz bewusst für Phase 2 um auf Ideen und Lösungen zu kommen, die ganz gezielt außerhalb des Möglichen liegen. Out-of-the-box zu denken bedeutet nach Lösungen außerhalb des Gewohnten zu suchen.

Bevor wir in Phase 2 einsteigen, will ich noch auf eine Dimension hinweisen, die komplexe Probleme zu wirklich schwierigen und anstrengenden Aufgaben macht. Ich meine die Relevanz des Problems und die Wichtigkeit einer Lösung für mich ganz persönlich. Was, wenn mein Job davon abhängt? Was, wenn meine Ehe sonst zerbricht? Was, wenn meine Existenz direkt von der Lösung des Problems abhängt? Nichts macht komplexe Probleme komplizierter als persönliche Relevanz. Wenn ich von einem Problem direkt betroffen bin, wird es ungemein schwierig auf neuartige Lösungen und gute Ideen zu kommen. Der Grund liegt in unserer Impulskontrolle. Wenn wir selbst betroffen sind von einem Problem, zeigt sich dies direkt in einem starken kognitiven Kontrollbedürfnis. Kurz gesagt, denken wir dann nicht so frei wie wir es zum Beispiel bei den Problemen tun, die andere betreffen. Sie erleben diese kognitive Impulskontrolle, wenn Sie Ratschläge von Freunden bekommen. Ratschläge geben wir gerne und häufig. Warum? Weil wir von der Umsetzung unserer eigenen Ratschläge an andere nicht direkt betroffen sind. Für unsere Freunde spielt es schlicht keine so große Rolle, ob wir ihren Ratschlag umsetzen. Sie sind von den Konsequenzen nicht betroffen, aber wir sind es. Deswegen ist es auch viel schwieriger einen Ratschlag selbst zu befolgen als ihn an andere zu geben. Im Endeffekt führt das dazu, dass wir alle viele Ratschläge geben und hören, aber kaum einem Ratschlag folgen. In den Konsequenzen eines Ratschlags zeigt sich die Relevanz für das Problem und die ist subjektiv sehr unterschiedlich. Ein Problem ist nie einfach relevant oder nicht. Die Frage ist eher, für wen ist ein Problem wie relevant? Je relevanter für uns, desto schwieriger wird es die Box zu verlassen und in ungewohnten Bahnen zu denken.

Relevant: wen interessiert's?

Egal, ob wir in einem bestimmten Bereich eine vollkommen neue Idee entwickeln wollen oder an einem bestehenden Problem arbeiten und eine Lösung suchen, alles beginnt mit der richtigen Fragestellung.

Was genau macht so eine Fragestellung zu einer guten Fragestellung? Was ist überhaupt eine gute Frage? Das ist gar nicht so einfach, aber einen allgemeinen Anhaltspunkt gibt es. Gute Fragen bewegen sich immer direkt in meinem oder in nächster Nähe meines Einflussbereiches. Das bedeutet, dass wir uns auf der Suche befinden nach Fragen, die möglichst direkt etwas mit uns zu tun haben. Ein zweites wichtiges Kriterium für eine gute Frage ist die Anzahl möglicher Lösungen. Je mehr potenzielle Lösungen für eine Frage gefunden werden können, desto besser wird der kreative Prozess ablaufen. Und besser meint hier hilfreiche Lösungen zu finden und auf Ideen zu kommen, die den meisten Menschen nicht einfallen würden.

Angenommen, Sie wurden beauftragt für eine Agentur eine neue Webseite zu gestalten. Klingt nach einem einfachen Problem, ist es aber nicht. Ihre Frage könnte also lauten: wie soll die neue Webseite aussehen? Gute Frage? Noch nicht ganz. Lassen Sie uns die Frage anhand der zwei Kriterien umformulieren. Werden Sie die Webseite selbst gestalten? Trauen Sie sich das zu? Wissen Sie genug über die Gestaltung von Webseiten um eine sinnvolle Antwort auf die Frage zu finden? Falls ja, haben Sie das erste Kriterium erfüllt. Die Webseite liegt nun in ihrem Einflussbereich. Falls Sie sagen, da fehlen ihnen eindeutig Informationen, dann sollte Ihre Frage auf die Informationen beziehen. Zum Beispiel könnte Ihre Frage lauten: wie finde ich jemanden, der sich damit auskennt? Zum zweiten Kriterium versuchen wir die Frage ein wenig weiter zu öffnen. Am Ende ihrer Suche wird die Webseite aus einer Lösung bestehen. Wenn sie aber nach nur einer Lösung suchen, werden Sie bei der erstbesten Lösung aufhören anstatt bis zur bestmöglichen vorzustoßen. Deswegen fragen wir lieber: wie könnte die neue Webseite aussehen? Welche Elemente kommen infrage? Was könnte die Webseite inhaltlich enthalten um ganz verschiedene Zielgruppen zu bedienen? Entscheidend ist bei all diesen Fragen, dass es nicht eine Antwort auf die Frage gibt, sondern viele mögliche Lösungen.

Solange Ihre Frage anfängt mit: wie kann ich... welche Möglichkeiten fallen mir ein...oder auf welche Art und Weise könnte ich? Solange Ihre Frage so anfängt, sind Sie auf der sicheren Seite. Sie haben jetzt also Ihr Problem definiert. Sie haben es in ihren Einflussbereich gebracht und dafür gesorgt, dass es verschiedene Lösungen gibt. Damit haben wir den ersten Schritt zur Klarheit des Problems genommen. Jetzt geht es an die Relevanz der Fragestellung. Warum haben Sie eigentlich noch keine Lösung für Ihr Problem? Warum das Problem überhaupt da? Um zu testen, ob sie auch wirklich am richtigen Problem arbeiten, sollten Sie nach dem Warum fragen, und das funktioniert zum Beispiel so:

- Welche Möglichkeiten habe ich die neue Webseite zu gestalten? Das ist die Ausgangsfrage.
- Warum ist das Problem überhaupt da? Das ist die erste "warum" Frage.
- Antwort: weil ich eine neue Webseite brauche. Nächste warum Frage: warum brauche ich eine neue Webseite?
- Antwort: weil ich online besser gefunden werden will.

- Nächste Frage: warum will ich online besser gefunden werden?
- Je mehr Leute auf meiner Webseite kommen, desto mehr Umsatz kann ich generieren.
- Warum sorgen mehr Leute für mehr Umsatz?

Jetzt könnte Ihnen langsam klar werden, dass sie gar nicht mehr Leute auf Ihrer neuen Webseite brauchen, sondern mehr von einer ganz bestimmten Sorte Mensch. Nämlich die, die sich ganz besonders viele Angebote interessieren. Sie können jetzt im Anschluss also die Ausgangsfrage erweitern zu: welche Möglichkeiten habe ich die neue Website zu gestalten, damit meine Zielgruppe genau das findet was sie sucht?

Das gründliche Analysieren der Hintergründe eines Problems sorgt nicht bei allen Problemstellungen für sinnvolle Erweiterungen, macht bei Fragen mit hoher persönlicher Relevanz aber oft den entscheidenden Unterschied. Wenn ihr Problem beispielsweise ist, dass sie ihr Zeitmanagement nicht im Griff haben und nach Möglichkeiten suchen sich besser zu organisieren, dann können Sie mit dem "warum?" möglicherweise dabei ankommen, dass ihre Erwartungen an sich selbst zu hoch sind, dass sie sich oft unnötig Sorgen machen oder dass nur in ganz bestimmten Situationen Stress entsteht, für die Sie Lösungsansätze suchen. So wird aus ihrer Frage, wie Sie Ihr Zeitmanagement in den Griff bekommen, die Frage, wie sie ihre Kollegen dazu bekommen Ihnen nicht ständig weitere Aufgaben aufzudrücken oder wie sie sich selbst dazu bekommen häufiger mal nein zu sagen.

Phase 2 - Generieren

Abstrakt & Konkret

Ideen zu generieren wird oft als der wichtigste Teil im gesamten Innovationsprozess gesehen. In meiner Erfahrung mangelt es eigentlich nicht an guten Ideen, solange die richtigen Fragen gestellt werden. Drei Denkgewohnheiten sollten wir aber trotzdem trainieren, um das Generieren von Lösungen auf das nächste Level zu heben. Dazu müssen wir zunächst drei Phänomene beobachten:

Das Abstraktionsniveau der Fragestellung und damit der Lösungen, eine analytische und eine intuitive Herangehensweise an die Lösung und die Schwierigkeit eines inneren und vieler äußerer Kritiker.

Manche Probleme sind genau wie manche Lösungen abstrakter (wie die Effekte der Globalisierung), manche konkreter (wie die Funktionen eines Smartphones). Beide Herausforderungen stellen komplexe Probleme mit kreativen Lösungen dar. Was wirkt wie die Natur der Sache ist aber gar nicht so eindeutig. Die Funktionen eines Smartphones können in Zukunft vollkommen andere sein, weil in einer globalisierten Welt andere Ansprüche an Mobilität gestellt werden. Gleichzeitig können die Effekte der Globalisierung ganz konkrete Probleme verursachen wie etwa den Stellenabbau in Produktionsstätten in westlichen Industrienationen. Und schon haben sich die scheinbar gegebenen abstrakten und konkreten Fragestellungen auf der Abstraktionsskala auf und ab bewegt und so ihren Charakter verändert.

Menschen haben - oft abhängig von ihrer Ausbildung - eine Präferenz für ein bestimmtes Abstraktionsniveau, auf dem sie sich wohl fühlen. Manche Menschen denken gerne und viel über Details nach, andere stellen sich lieber eher strategischen oder gar philosophischen Fragen nach dem großen Ganzen. Ganz gleich, auf welcher Ebene Sie sich wohl fühlen, für den kreativen Prozess brauchen Sie alle anderen Ebenen auch. Gerade die Ebenen, die wir weniger gewohnt sind, sollten wir am intensivsten trainieren, denn unser Abstraktionsniveau wird schnell zur Denkgewohnheit.

Nicht genug damit, dass wir persönliche Präferenzen haben und diese ständig trainieren, wir bevorzugen auch Menschen in unserer Umgebung, die ähnlich denken wie wir. Sich aktiv Menschen auszusetzen, die viel konkreter denken oder eben viel abstrakter, ist zwar anstrengend, aber für das Ergebnis lohnt sich die Mühe. Da sich bei unterschiedlichen Abstraktionsniveaus die gefühlte psychologische Distanz verschiebt, ergeben abstrakte und konkrete Betrachtungsweisen ganz unterschiedliche Ergebnisse. So wie es sich unterschiedlich anfühlt, wenn in weiter Ferne ein Mord passiert als wenn es um meinen Nachbarn geht. Wenn Sie sich jetzt zum Beispiel Gedanken über das Bildungssystem der Zukunft machen, arbeiten Sie an einer sehr abstrakten Frage. Sie könnten aber testweise auch fragen, wie der Kindergarten der Zukunft von Big Data-Trends profitieren könnte. Und schon arbeiten wir an einer viel konkreteren Frage. Beide Betrachtungsweisen sind sinnvoll, nur liefern sie völlig unterschiedliche Lösungen.

Als einen der schwierigsten Bereiche im kreativen Problemlösen haben wir bereits Probleme kennengelernt, die eine hohe persönliche Relevanz haben. Wenn ich also an meinen eigenen Problemen arbeite ist das gleich um ein vielfaches anstrengender als an den Problemen anderer Leute. Wenn wir Ideen für den Eigenbedarf entwickeln, ist der innere Kritiker kaum auszublenden. Der findet alles mittelmäßig, nicht machbar, blödsinnig und redet uns ein, dass wir für Probleme nie eine Lösung finden werden. Im schlimmsten Fall redet uns der innere Kritiker ein, dass es für unser Problem gar keine Lösung gibt. Während wir also vor einem Problem stehen und nach Lösungen suchen, ist der innere Kritiker sehr laut und redet uns alle möglichen Zweifel ein. Sobald wir uns aber für eine Idee entschieden haben, die wir mit anderen teilen wollen, übernehmen Overconfidence und False Consensus seinen Platz. Von jetzt an überschätzen wir unsere Fähigkeiten und gehen davon aus, dass andere uns in allem zustimmen, was wir vorschlagen.

Bei persönlich relevanten Problemen geht es also noch mehr darum verschiedene Abstraktionsniveaus zu testen um dem inneren Kritiker erst die Grundlage zu nehmen und ihm dann später mehr Raum zu lassen. Wie kann das konkret gehen?

1. An welcher Frage wollen wir arbeiten? Angenommen, Sie wollen sich beruflich neu orientieren. Die Frage könnte also lauten: welche Jobs bieten mir, was mir wirklich wichtig ist?

2. Die Frage ist abstrakt. Versuchen wir es konkreter. Schreiben Sie das Alphabet von A bis Z auf ein Blatt Papier, einen Buchstaben unter den anderen. Versuchen Sie so schnell wie möglich zu jedem Buchstaben ein Wort zu finden, das damit zu tun hat, was Ihnen am Job wichtig sein könnte. Beginnen Sie bei A und gehen Sie einen Buchstaben nach dem anderen ab. Wenn Ihnen nichts einfällt, gehen Sie einfach zum nächsten Buchstaben. Versuchen Sie nicht zu grübeln und durch viel Nachdenken auf die Lösung zu kommen. Schnelligkeit ist wichtiger als Sinnhaftigkeit. Wenn Sie bei Z

angekommen sind, fangen Sie wieder oben an bis Ihnen zu jedem Buchstaben mindestens ein Wort eingefallen ist. Arbeitsplatz... Berufung... China... Denkaufgaben... Einfach...

3. Jetzt haben wir ein abstraktes Problem künstlich in Teilbereiche aufgespalten. Ist Ihnen aufgefallen wie Ihr Gehirn vorgeht? Haben die Begriffe miteinander zu tun? In Workshops beschreiben viele Menschen, dass Sie assoziativ nach Wörtern suchen, die mit dem jeweiligen Buchstaben beginnen bis ein Wort dabei ist, das zum Problem passt. Das ist typisch für unser intuitives Problemlöse-Verhalten. Wenn Sie diese Übung unter Zeitdruck probieren, werden Sie zudem merken, dass Ihre Hemmschwelle sinkt auch scheinbar sinnlose oder nur halb passende Begriffe aufzuschreiben. Das ist ok. Alles, was wir brauchen, ist ein Startpunkt. Und den haben wir jetzt.

4. Teilen Sie jetzt die einzelnen Begriffe in 3 bis 6 Aspekte oder Kategorien ein und geben Sie jedem Cluster einen Namen: Location... Tätigkeit... Kollegen... Gehalt....Wenn Sie das haben, sind wir der Lösung schon ein wichtiges Stück näher gekommen. Denn wir haben jetzt mehr Klarheit über die verschiedenen Aspekte der Fragestellung.

5. Als nächstes könnten Sie zu jedem der Cluster wieder ein ABC beginnen und nach Begriffen suchen, die den Idealzustand beschreiben. Bei den Kollegen zum Beispiel: Austausch... Beliebt... Chronisch glücklich... Dankbar... Einfach. Wo finden Sie diese Menschen? Erstellen Sie eine Liste für jedes Cluster und Sie haben eine gute Datenbasis für Ihre Problemlösung.

Das künstliche Splitting durch das ABC mit dem anschließenden Clustern zwingt unser Gehirn auf verschiedenen Abstraktionsniveaus nach Lösungen zu suchen. Das ist ein guter Start für das Lösen von Problemen, aber noch viel wichtiger: es ist ein sehr gutes Training Denkgewohnheiten aufzubrechen. Wenn Sie das regelmäßig machen, werden Sie merken, dass es immer einfacher wird zwischen abstrakten und konkreten Fragen zu wechseln und schließlich auch auf verschiedenen Ebenen nach Lösungen zu suchen.

Analytisch & Intuitiv

So wie wir tendieren entweder sehr abstrakt oder sehr konkret zu denken und auch einen der beiden Stile bevorzugen, so bevorzugen wir auch eine intuitive oder analytische Herangehensweise an Probleme.

Intuition ist weder schlechter noch besser darin Probleme zu lösen als detaillierte Analysen. Beide liefern eine hilfreiche Ausgangsbasis für das Lösen von Problemen. Eines ist aber klar: die Kombination aus Bauchgefühl und kritischem Denken liefert Lösungen, die rein intuitiven oder rein analytischen Lösungen weit überlegen sind. Was Daniel Kahneman als System I und System II bezeichnet, beschreibt sehr treffend, was in unserem Denken auch bei der Suche nach innovativen Lösungen vorgeht. Während System I schnelle Beurteilungen von Situationen vornimmt, die gefährlich sein könnten und damit manchmal über das Ziel hinausschießt, ist System II langsam, dafür aber sehr genau. Unsere Intuition sagt uns ohne viel bewusstes Nachdenken, dass wir in bestimmten Situationen wegrennen sollten anstatt die Gefahr eines Angriffs erst zu analysieren. Dazu bleibt einfach keine Zeit. Auch wenn das bedeutet, dass wir manchmal auch ohne Gefahr davonrennen, ist das doch nur halb so schlimm wie trotz Gefahr stehenzubleiben. Schlimmer wäre in jedem Fall erst nachzudenken. Auf der anderen Seite ist unser analytisches Denken in der Lage abstrakte Strategien zu entwickeln, Trends aufzuspüren und logisch zu argumentieren. System II kann mit abstrakten Zahlen umgehen wie etwa der Arbeitslosenquote. Die Arbeitslosenquote wird uns nicht zum Davonrennen bewegen, jedenfalls nicht ohne dass wir darüber nachdenken. Wenn plötzlich ein Wildschwein vor uns steht, überlegen wir nicht lange und laufen weg. Da zählt Geschwindigkeit, also entscheidet System I.

Unser Alltagsverständnis von Intuition ist seltsam verzerrt. Wir sind nicht zufällig intuitiv. Intuition ist kein Zufall und basiert genau wie analytisches Denken auf Daten, die unsere Wahrnehmung in Kombination mit unseren Überzeugungen und unserer Weltsicht für uns generiert. Intuition ist keine Zufallsgröße, sondern eine Chaosgröße. Anders als bei einer Analyse können wir bei intuitiven Einschätzungen oft nicht sagen, wie wir darauf gekommen sind. Das bedeutet aber überhaupt nicht, dass es keine Struktur gäbe, sonder lediglich, dass wir sie nicht kennen.

Beim kreativen Problemlösen müssen wir die Balance aus beiden Systemen finden und gezielt einsetzen. Intuition ohne Analytik generiert zu viel sinnfreies Material, Analytik ohne Intuition liefert nur Lösungen innerhalb gewohnter Bahnen. Und hier kommt Mut ins Spiel. Wir brauchen eine Menge Mut in Problemsituationen beide Systeme einzusetzen. Während wir also Training und Durchhaltevermögen brauchen um eine Balance zwischen abstraktem und konkretem Denken zu ermöglichen, brauchen wir Mut um intuitives und analytisches Denken zu kombinieren.

Es gibt sehr viele Techniken, wie Sie entweder analytisches oder intuitives kreatives Denken trainieren können. Ich möchte Ihnen eine zeigen, die beides macht. Ich benutze sie selbst häufig, weil sie so effektiv ist. Die Technik beschreibt das Denken in Szenarien:

1. Stellen Sie sich eine Welt ohne Schwerkraft vor. Wie würde Ihre Arbeit aussehen, wenn es keine Schwerkraft gäbe? Was wäre leichter, was wäre wirklich schwierig? Sich eine Welt vorzustellen, die es nicht gibt, löst künstlich einige Restriktionen unseres Problems auf. Häufig löst dies auch Einschränkungen auf, die wir gar nicht mehr gesehen haben. Szenarios dieser Art sorgen oft für

überraschende Lösungen.

2. Stellen Sie Ihre eigenen Szenarien auf. Sie brauchen dazu immer einen “wenn”-Teil, der eine Welt beschreibt, in der wir nicht leben und einen “dann”-Teil, in dem Sie Ihre Fragestellung verarbeiten. Wenn es kein Geld gäbe, wie würden wir dann bezahlen? Wenn Sie unendlich viel Zeit hätten, was würden Sie dann tun? Wenn Sie der mächtigste Mensch auf der Welt wären, was würden Sie dann ändern? Wie sähe Ihre Fragestellung jetzt aus? Was würde das für Ihr Problem bedeuten?

3. Spielen Sie Ihre Szenarien durch bis Sie denken, dass Sie jetzt weit genug von der Welt weggekommen sind, wie sie ist und sich deutlich auf eine Welt zu bewegen wie sie sein könnte. Meinen Klienten stelle ich zum Einstieg gerne die Frage: "Wenn Dinosaurier Haustiere wären, wer hätte dann den zweiten Weltkrieg gewonnen?" Die Dinosaurier als Haustiere beschreiben das Szenario, die Frage nach dem zweiten Weltkrieg die Problemstellung.

4. Vielleicht merken Sie schon, dass Sie hier ohne analytisches Denken im Chaos landen würden. Unser analytisches System stellt Fragen zur Domestifizierung von Dinosauriern und analysiert, wie ein Weltkrieg aussehen könnte, bei dem Dinosaurier eine Rolle spielen könnten. Währenddessen beginnt unser intuitiv-assoziatives System Bilder von Dinosauriern im Haus zu produzieren. Welche Dinosaurier sehen Sie da vor sich? Wie kann das gehen? Was fällt Ihnen dabei noch ein? Stellen Sie sich vor, Sie hätten einen Dinosaurier als Haustier. Was würde das ändern? Ihre assoziativen Eingebungen und Ihre Intuition bieten jetzt ein Kontrastbild zum analytischen Denken. Die Integration beider Denkweisen liefert die bestmögliche Lösung für das Szenario.

5. Die unsinnig erscheinende Frage bricht Denkgewohnheiten auf. In Ihrem Kontext könnten Fragen auftauchen, die zwar unmöglich, aber nicht sinnfrei sind: wenn wir unendlich Geld für Forschung und Entwicklung hätten, welche Problemstellungen sollte unser Unternehmen angehen? Wenn unsere Klienten oder Kunden über Nacht all ihr Geld verlieren würden, wie würden wir sicherstellen, dass wir im Geschäft bleiben? Oder auch im persönlichen Bereich: wenn ich unendlich Zeit hätte, welche Fähigkeiten würde ich dann lernen wollen? Wenn andere Menschen immer genau machen würden, was ich ihnen sage, wie würde ich meinen Tag verbringen? Wenn ich 24 Stunden am Tag unglaublich motiviert wäre, welche Tätigkeiten würde ich dann wahrscheinlich lassen?

Selbstkritik & Selbstüberschätzung

Ob unsere Lösung eine gute Lösung ist, erkennen wir immer erst im Nachhinein. Ob ein neues Produkt oder eine Entwicklung auf einer guten Idee basiert, entscheiden meist andere. Kunden, die innovative Produkte kaufen, verhelfen Ideen zum Durchbruch. Leser, die Bücher weiterempfehlen und ihre Inhalte diskutieren, machen aus den Ideen von Autoren Bestseller. Die Medien machen aus Vordenkern Experten. Die Kirche macht Persönlichkeiten zu Heiligen. Wir können uns nicht selbst zum Experten, zum Bestseller-Autor oder zum Heiligen erklären. Andere Menschen tun das und wir sind auf ihr Urteil angewiesen. Ein Innovator wird gemacht. Aber das bedeutet nicht, dass dies zufällig geschieht. Innovative Produkte, Bücher, Expertenmeinungen und gute Taten brauchen jemanden, der sie ausführt ohne zu wissen, ob es klappt. Jemanden, der das Risiko eingeht zu scheitern, kritisiert zu werden und Anfeindungen und Neid über sich ergehen zu lassen. Innovative Ideen brauchen jemanden, der seinen inneren Kritiker im richtigen Moment zum Schweigen bringt. Dieser innere Kritiker wird gesteuert von unserer Angst Fehler zu machen. Diese Angst ist manchmal so groß, dass wir nicht riskieren unsere Ideen überhaupt zu Ende zu denken und sie dann auch nicht mit anderen teilen. Auf diese Weise sorgt unser innerer Kritiker dafür, dass wir viel zu häufig aus unseren an sich guten Ideen nichts machen, sie nicht weiterentwickeln, sie nicht verfolgen und schließlich nie umsetzen. Stattdessen bleiben wir bei bekannten Lösungen, machen, was alle machen und wiegen uns im guten, aber falschen Gefühl von Sicherheit, dass alles so bleibt wie es ist solange wir es nicht ändern. Nicht zu handeln und Denkgewohnheiten nicht zu ändern ist für uns Menschen fast immer die bevorzugte Option. Denn wir berechnen im Vorhinein, wie stark wir bereuen werden, wenn es nicht klappt. Der Omission Bias beschreibt diesen Effekt. Für Menschen ist das Bereuen einer Handlung stärker als einer Nicht-Handlung. Das bedeutet, dass wir es eher bereuen, aktiv gehandelt zu haben, wenn es schief geht als wenn wir nicht gehandelt hätten und wir deswegen scheitern. Unternehmen, die Veränderungen aufschieben und Innovationen blockieren, leiden unter dieser Denkgewohnheit. Kunden zu verlieren, weil man etwas Neues versucht hat fühlt sich schlimmer an als Kunden zu verlieren, weil man nichts Neues ausprobiert hat.

Drei menschliche Denkgewohnheiten kommen zusammen, die dafür sorgen, dass wir unserem inneren Kritiker Raum geben, den er nicht verdient. Erstens wissen wir nicht, welche unserer Ideen wirklich gut sind bis andere darüber entschieden haben. Bevor wir unsere Idee also teilen, wissen wir so gut wie nichts über ihren Wert. Zweitens messen wir die Ideen anderer immer am Status Quo und nicht an ihrem Zukunftspotenzial, was bedeutet, dass wir systematisch den falschen Standard anlegen. Unsere Fähigkeit die Zukunft vorherzusagen ist aufgrund der Komplexität der Welt so schlecht, dass wir in den meisten Fällen besser beraten sind uns zu überlegen, wie die Welt sein könnte anstatt zu fragen, wie sie sein wird. Und drittens haben wir das soziale Bedürfnis Recht zu haben und das geht nur, wenn wir unsere Meinung über die Ideen anderer verbreiten. Es ist immer einfacher eine Idee zu kritisieren, die außerhalb des Gewohnten liegt. Es ist insbesondere einfacher Ideen zu kritisieren als selbst Ideen zu entwickeln. Aus diesem Grund haben wir wesentlich mehr Kritiker in der Welt als Innovatoren. Ein Innovator riskiert seine soziale Reputation um eine gewagte Idee dem Urteil der Massen auszusetzen. Manchmal klappt das, manchmal nicht. Manchmal verlieren Innovatoren alles, manchmal gewinnen sie hoch. Ein Innovator setzt auf einen großen Gewinn mit geringer Gewinnchance, während die meisten anderen Menschen auf kleine Gewinne mit großer Erfolgswahrscheinlichkeit setzen. Wenn wir uns unsere Sozialinteraktionen als Konto vorstellen, dann erleben Innovatoren große Schwankungen, manchmal geht es steil bergauf, wenn sie nämlich eine Idee zum Erfolg führen und häufig geht es genauso steil bergab, wenn aus einer Idee nichts wird und sie sich lächerlich machen. Das Konto von Nicht-Innovatoren erlebt wesentlich weniger Volatilität, es bleibt relativ stabil. Wenn wir andere für ihre Ideen kritisieren, setzen wir auf kleine soziale Gewinne. Schließlich können wir durch eine gezielte Kritik zeigen, wie intelligent wir sind. Gleichzeitig setzen Innovatoren auf eine Karte und ignorieren oft Kritiker, auch wenn diese Recht haben. Über unser Leben hinweg lernen wir bestimmte Denkgewohnheiten zu übernehmen und wir lernen insbesondere die Denkgewohnheiten von Menschen zu übernehmen, die selten innovative Lösungen suchen. Wir werden ausgebildet zu hinterfragen, kritisch zu denken, nicht anzunehmen und überall Feedback zu geben. Unter dem Fehlschluss, dass konstruktive Kritik der Evolution von Ideen hilft. Feedback sorgt in den seltensten Fällen für Wachstum. Es ist also auch nur sehr selten konstruktiv für den, der es erhält. Kritisches Feedback ist besonders konstruktiv für den, der es gibt. Weniger für den, der es erhält.

Der innere Kritiker ist also durchaus durch den äußeren Kritiker anderer erst darauf gekommen alles in Frage zu stellen, was in uns selbst als Idee entsteht. Erinnern Sie sich noch an Overconfidence und unsere übersteigerte Einschätzung unserer eigenen Fähigkeiten? Die bildet gewissermaßen das Gegenstück zu unserem inneren Kritiker. Der Mechanismus ist tricky. Overconfidence lässt uns unsere Fähigkeiten und Erfolgschancen überschätzen und der innere Kritiker würgt die Ideen ab, die wir eigentlich für großartig halten. Welcher der beiden gewinnt bei Ihnen üblicherweise die Herrschaft über das, was Sie letztendlich denken? Wer von beiden setzt sich durch? Wieder geht es nicht darum sich für eine Denkgewohnheit zu entscheiden. Es geht nicht darum zwischen abstrakten und konkreten Lösungen oder analytischen und intuitiven Herangehensweisen zu wählen. Es geht darum gezielt zu entscheiden, wann wir welche Art zu denken einsetzen und zu erkennen, welche Denkgewohnheit bei Ihnen dominiert um ganz systematisch die andere Seite zu trainieren.

Drag & Drop

Sie haben wahrscheinlich bereits bemerkt, was meine bevorzugten Denkgewohnheiten sind. Ich gebe es offen zu: ich bin ein abstrakter Analytiker mit der Tendenz zur Overconfidence. Aber gerade deswegen arbeite ich so gerne an konkreten Problemen mit Menschen aus der Praxis. Ich lerne dabei mehr als alle anderen im Raum. In diesem Buch geht es um Denkgewohnheiten und ich will Ihnen eine Denkgewohnheit ganz konkret empfehlen, die nicht nur das "warum" unserer Kognitionen, sondern auch das "was" erläutert und mir in vielen komplexen Problemen zur Lösung verholfen hat.

Die erfolgreichsten Ideen, die ich begleiten durfte, folgten alle einer simplen Logik. Alle machten sich als Strategie das 'Kopieren und Einfügen' zu Nutze. Drag & Drop ist nicht nur eine gute Taktik, wenn Sie nicht wissen, was Sie tun sollen. Es ist weit mehr als das. Drag & Drop stellt gewissermaßen den Grundmechanismus des menschlichen Fortschritts dar. Nahezu alle Innovationen in der Menschheitsgeschichte lassen sich auf eine Version dieses Mechanismus zurückführen. Bei den Innovationen, bei denen das nicht geht, fehlen uns oft nur die Informationen und bei genauerer Recherche stellt sich auch dort heraus, dass gute Ideen fast immer aus dem Kopieren und Einfügen von Ideen und Konzepten bestehen, die schon da waren. Sie kennen wahrscheinlich genügend Beispiele für diesen Effekt. Von Henry Ford bis Steve Jobs haben Innovatoren schon immer auf Bestehendes zugegriffen um Neues zu schaffen. Christian Audigier, der Modedesigner und Entrepreneur, dessen Vermögen auf 250 Millionen US-Dollar geschätzt wird, hat einen Großteil seines Geldes mit der Marke Ed Hardy verdient, für die er Tattoos auf T-Shirts druckte und mit Strasssteinchen verzierte. Ed Hardy wurde 2011 für 62 Millionen US-Dollar verkauft. Weder T-Shirts noch Tattoos noch Strass waren neu, aber die Kombination traf offenbar einen Nerv. Und so können Sie diese Strategie für sich nutzen:

1. Beginnen wir mit einem bestehenden System oder einer bestehenden Idee. Komplexe Ideen machen mehr Spaß, deswegen erlauben Sie mir mein Lieblingsbeispiel - die Universität, so wie sie heute ist. Sie besteht aus sehr vielen Elementen. Jede Idee lässt sich in Elemente aufspalten. Bei der Universität sind das zum Beispiel der Campus, die Vorlesung, die Studenten, der Professor, die Wissenschaftlerin, die Bibliothek, die Forschung, die Verwaltung, die Abschlussnote, die Dekanin, die Sitzung, die Publikation etc. Wenn Sie Elemente sammeln, achten Sie darauf, dass sowohl abstrakte (wie die Forschung) als auch ganz konkrete Elemente (wie die Vorlesung) dabei sind.

2. Nehmen Sie sich ein anderes System mit einer anderen Idee, von der Sie Elemente kopieren können. Zum Beispiel Gastronomie, Verkehr oder Logistik. Versuchen wir es mit Fast Food. Fast Food ist eine Idee, die ebenfalls aus verschiedenen Elementen besteht, zum Beispiel Geschwindigkeit, Essen, Bezahlung und Preis. Kopieren Sie beispielsweise Geschwindigkeit und fügen Sie es in die Universität ein. Sammeln Sie, was Ihnen einfällt.

- Studierende gehen zum Dozenten für Blitzvorlesungen, die dauern nie länger als 5 Minuten und beantworten nur eine Frage.

- Dozenten kommen, wann immer sie wollen, auf Studierende zu und stellen eine Frage, die Studierende in kürzester Zeit beantworten müssen.
- Sitzungen dürfen nie länger als 10 Minuten dauern.
- Publikationen muss jeder innerhalb von 10 Minuten finden und lesen können.
- ...

3. Jetzt wird es schwieriger. Wir ersetzen ein Element unseres Systems Universität durch ein Element einer anderen Idee. Ersetzen wir zum Beispiel die Einteilung in Fachbereiche und Studiengänge durch ein Element aus der Idee von Amazon.

- Studierende erhalten nach jeder Vorlesung Informationen darüber, was andere Studierende als nächstes studiert haben, was also häufig zusammen studiert wird.
- Die Bibliothek macht Vorschläge, was Studierende mit ähnlichen Interessen gelesen haben.
- Professoren erhalten Empfehlungen zu Studierenden, die zu ihren Forschungsinteressen passen würden.
- ...

4. Ändern wir den Kontext. Unterrichtet wird jetzt nicht mehr auf dem Campus, sondern in einer Bar, in einem Flugzeug oder einem Stadion. Können Sie sich vorstellen, was das konkret bedeuten könnte?

- Flugbegleiter servieren Getränke in Vorlesungen.

- Alle unterhalten sich laut bei einem Bier, während auf Bildschirmen die Vorlesung läuft.

5. Ändern Sie Funktionen. Überlegen Sie, welchen Zweck bestimmte Elemente in einer Idee haben und ändern Sie den Zweck.

- Alt: Die Bibliothek bietet Bücher und Zeitschriften mit Inhalten aus allen Fachgebieten an.
- Neu: Unsere Bibliothek soll ein Ort zum Treffen sein, zum Quatschen, zum Entspannen und Abschalten. Was könnten Sie mit der Bibliothek tun, um diese neue Funktion umzusetzen?
- Alt: Studierende gehen in Vorlesungen um von Professoren zu lernen.
- Neu: In unseren Vorlesungen sollen Studierende den Stoff diskutieren, der Dozent stellt dabei Fragen anstatt Antworten zu geben.
- Was fällt Ihnen noch ein?

6. Kehren Sie Erwartungen um. Stellen Sie Annahmen auf den Kopf. In der Universität lernen Studierende von Experten, wir sitzen in Vorlesungen, es gibt einen Campus, in der Mensa wird Essen serviert und Dozenten haben Sprechstunden. Soweit gängige Annahmen. Jetzt die umgekehrten:

- In unserer Universität lernen Experten von Studierenden, es gibt Stehvorlesungen, es gibt keinen Campus, Essen gibt es nicht in der Mensa und Dozenten haben keine

Sprechstunden. Was könnte das bedeuten?

- Studierende leisten die Lehre, indem sie sich in ein Thema einarbeiten und dann andere unterrichten, die Dozenten hören zu.
- Stehvorlesungen sind wie Cocktailparties Abends und mit kurzen Reden zu interessanten Inhalten.
- Veranstaltungen finden in Kinos, Restaurants oder im Park statt. Jedes Mal woanders.
- Die Mensa liefert Essen zu Studierenden und Mitarbeitern, je nachdem, wo die gerade arbeiten oder lernen.
- Studierende haben Sprechstunden, Dozenten melden sich an.
- …

7. Streichen Sie ein Element. Unsere Uni kommt ohne Verwaltung aus oder ohne Campus, vielleicht ohne Professoren oder ohne Forschung. Was wäre dann? Wie sähe die Universität dann aus? Welche Szenarien könnten Realität werden?

Entscheidend bei all diesen Modifikationen ist, dass Sie vorerst nicht nach sinnvollen Änderungen suchen, sondern nach Änderungen, die Sie auf neue Ideen bringen. Es geht um eine Kette an Gedanken, die weiterentwickelt werden kann. Drag & Drop ist deswegen eine so erfolgreiche Taktik, weil wir sowohl abstrakte als auch konkrete Ideen bearbeiten, dabei analytisch Elementen identifizieren, dann aber intuitiv- assoziativ nach Vorschlägen suchen.

Wenn Sie dann viele Ideen zusammen getragen haben und Ihnen

wirklich nichts mehr einfällt, dann gehen wir über in Phase 3, dem Sortieren, Bewerten, Entscheiden und Kommunizieren unserer Ideen.

Phase 3 - Begutachten

Machbar: kein Grund gleich aufzugeben

Stellen Sie sich vor eine gute Idee würde nicht umgesetzt, weil sich niemand vorstellen kann, wie das gehen sollte. Stellen Sie sich vor, wir könnten es uns nicht vorstellen, es wäre aber machbar.

"Eine wirklich gute Idee erkennt man daran, dass ihre Verwirklichung von vorne herein ausgeschlossen erscheint." - Albert Einstein

Menschen können sich vieles vorstellen und in Gedanken ausmalen. Das ist eine tolle Eigenschaft unseres Gehirns und seiner komplexen kognitiven Struktur. Die Fähigkeit zur Vorstellung ermöglicht uns eine Welt zu sehen, die noch nicht da ist und sogar eine Welt, die es nicht gibt. Wir können also in Gedanken unmögliche Szenarien entwickeln. Diese Szenarien sind dann letztendlich das Ergebnis eines Prozesses, den wir nicht verstehen können. Wir können uns vorstellen, dass Menschen von einem Ort an den anderen gebeamt werden können. Wir können uns eine Maschine vorstellen, die perfekte Kopien von uns macht. Wir können uns eine Welt vorstellen, in der Menschen sechs Finger an jeder Hand haben. Das Vorstellen klappt, nur wie wir da hin kommen sollen, bleibt ein Rätsel. Ähnlich ist das bei vielen Ideen, die wir entwickeln. Das Ergebnis können wir uns vorstellen. Aber der Weg bleibt vollkommen unklar und chaotisch. Und genau da kommt ein Denkfehler ins Spiel. Wenn wir uns nicht vorstellen können, wie wir eine Idee umsetzen können, schließen wir häufig darauf, dass die Idee nicht gut sei. Dabei hat die Machbarkeit einer Idee im ersten Schritt nichts mit der Idee zu tun, sondern mit den Restriktionen, die sie umgeben.

Angenommen, Sie haben eine Idee für ein vollkommen neues Konzept einer privaten Universität. Sie möchten eine Art Schule des Lebens gründen, in der Menschen das lernen können, was Universitäten nicht lehren. Zum Beispiel, wie man ein von Sinn erfülltes Leben führt oder glücklicher durch seinen Alltag geht. Sie können sich gut vorstellen, wie es ist in dieser Schule zu sitzen und über ihr Leben zu philosophieren. Sie können sich auch vorstellen, wie die Räumlichkeiten aussehen sollen. Sie haben eine klare Vision vor Augen. Nur eine Sache ist vollkommen unklar: wie sollen Sie das nur umgesetzt bekommen? Alles spricht dagegen. Sie haben weder die Zeit noch das Geld für ein solches Projekt. Also verwerfen Sie die Idee als unrealistisch und sehen dann später, wie jemand anderes genau diese Idee umsetzt.[16]

Wir sind alle häufig in der Gefahr bei der Frage nach Machbarkeit vorschnell aufzugeben, weil wir einem Denkfehler unterliegen und der hat damit zu tun, dass wir glauben bei der Umsetzung höre das kreative Problemlösen auf. Dabei fängt es da erst richtig an. Anstatt zu fragen, ob Sie Ihre Idee je umgesetzt bekommen und nach Gründen zu suchen, warum das nicht passieren wird, sollten Sie fragen, wie Sie Ihre Ideen trotz aller Einschränkungen starten können, wie Sie die gegebenen Ressourcen bestmöglich einsetzen, wen Sie an Bord holen müssen um loszulegen und welche Schritte Sie noch heute gehen können, damit aus Ihrer Idee etwas wird. Wir hängen zu oft an den großen Restriktionen unserer Welt, Zeit und Geld, und geben dann auf, ohne alle Optionen der Umsetzung wirklich zu testen oder zumindest mental zu simulieren. Die großen Restriktionen sind nicht der ausschlaggebende Faktor, sondern unsere mangelnde Vorstellungskraft für den Weg zur

Umsetzung.

Stellen Sie sich vor, wie Sie eine Schule des Lebens gründen mit einem Budget von 100 Euro und einer Stunde Zeit pro Woche. Machbar? Aber natürlich. Ihre Vorstellungskraft ist gefragt. Wichtiger als das Endergebnis Ihrer Idee direkt zu erzeugen, geht es darum Ihr Projekt anzustoßen, loszulegen, irgendwo anzufangen und zu sehen, wie weit Sie kommen.

Viele große Ideen und Innovationen sind unter schwierigen Umständen zustande gekommen. Menschen unterliegen immer Restriktionen. Viele Restriktionen sind geradezu notwendig um überhaupt auf innovative Lösungen zu kommen. Mit OneDollarGlasses will der deutsche Visionär Martin Aufmuth weltweit 150 Millionen Menschen zu einer Brille verhelfen, die sie selbst produzieren können und deren Produktionskosten bei maximal einem US-Dollar liegen. Die Entwicklung einer Brille, die unter einfachsten Bedingungen hergestellt werden kann, ist eine Lösung, für die es Restriktionen brauchte. Denken Sie an diejenigen Menschen, deren finanzielle Mittel quasi unbegrenzt sind und für die Zeit keine Rolle spielt. Sind es diese Menschen, die üblicherweise Ideen in die Tat umsetzen, die die Welt verändern? Es sind gerade nicht die Superreichen, die Topverdiener, eben die Menschen, bei denen wir unbegrenzte Ressourcen annehmen. Es sind ganz normale Menschen, die ihre ganze Energie aufbringen einen unvorstellbaren Weg vorstellbar und damit eine Idee machbar zu machen. Wenn Sie das nächste Mal einem Menschen mit einer kühnen, kaum machbaren Idee begegnen, erinnern Sie sich, dass es oft diese Menschen sind, die wir später als die größten Erfinder, Entwickler und Vordenker feiern.

Sichtbar: gute Ideen erkennen lernen

Beim Einschätzen von Ideen verwechseln wir systematisch die Qualität einer Idee mit ihrer Machbarkeit. Aufgrund der immensen Komplexität, der Ideen ausgesetzt sind, wenn es darum geht ihre Umsetzung zu diskutieren, ist es faktisch unmöglich Ideen im Vorhinein als gut oder nicht gut zu bewerten. Wenn wir an die Unsicherheit denken, die wir haben, wenn wir einschätzen sollen, ob ein gerade entwickeltes Produkt auf dem Markt reißenden Absatz erfahren wird oder schlicht ignoriert wird, dann wird klar, dass die Einschätzung des Potenzials einer Idee zu kompliziert ist um sie mit Machbarkeit gleichzusetzen. Natürlich ist Machbarkeit ein Kriterium. Keine Frage, eine nicht umsetzbare Idee kann gar nicht zur Innovation werden. Trotzdem gibt es Methoden, mit denen sich das Potenzial realistischer einschätzen lässt als durch unsere Intuition.

Die bestmögliche Methode um Ideen zu bewerten ist ihren Erfolg durch viele unabhängige Quellen vorhersagen zu lassen. Stellen Sie sich vor Sie müssten einen Teil Ihres Einkommens darauf wetten, ob Kühlschränke mit ständiger Verbindung zum Internet eine erfolgreiche Innovation darstellen werden oder eher nicht. Erfolgreich meint hier, dass viele Menschen von der Innovation profitieren und das auch erkennen. Stellen Sie sich vor, Sie könnten entscheiden wie viel Ihres Einkommens Sie auf diese Idee setzen und je nach Erfolg der Idee bekämen Sie im Nachhinein Ihren Einsatz vervielfacht zurück oder würden diesen Teil Ihres Einkommens im schlimmsten Fall verlieren. Wie viel würden Sie wetten? Wenn Sie diese Wette mit vielen Menschen machen und jeder ein starkes Interesse hat eine realistische Schätzung abzugeben - schließlich geht es um Ihr Geld - dann bekommen Sie am Ende ein statistisches Maß dafür, wie groß die Erfolgswahrscheinlichkeit für Internetkühlschränke oder jede andere Idee ist. Bei meinen Klienten habe ich häufig erlebt, dass diese statistische Methode auf taube Ohren stößt. Zu kompliziert, zu teuer, zu aufwendig. Viele diskutieren lieber im kleineren Kreis, ob eine Idee gut ist und verfolgt werden sollte, anstatt viele Menschen individuell und unabhängig voneinander zu befragen. Wir reden eben lieber über Dinge, die wir alle verstehen und einigen uns gerne auf eine Version der "Wahrheit" anstatt uns statistisch zu nähern. Das mag in vielen Bereichen des Lebens sinnvoll sein. Stellen Sie sich nur vor Familien würden immer machen, was alle Familienmitglieder im Schnitt wollen. Wenn es an die Urlaubsplanung geht, haben wir es auch mit einer Vorhersage unter Unsicherheit zu tun. Wir müssen vorhersagen, welches Urlaubsziel unter welchen Bedingungen die beste Option darstellt. So würde Papa gerne mit dem Camper durch die Toskana, Mama gerne auf Städtereise in den Nahen Osten, die 10-jährige Tochter gerne zum Actionurlaub ins Gebirge und der 15-jährige Sohn zum Strandurlaub nach Spanien. Unter diesen Bedingungen macht unsere statistische Abschätzung wenig Sinn. Der Grund? Sie haben es mit unterschiedlichen Interessen zu tun, die verhandelt werden müssen. Drei verschiedene Vorgehensweisen stehen uns zur Verfügung: Mama entscheidet (eine autoritäre Entscheidung), alle diskutieren und stimmen ab (eine demokratische Lösung) oder wir aggregieren statistisch, was Freunde und Nachbarn für die beste Option halten würden.

Bei der Bewertung von Ideen haben wir es mit viel Unsicherheit zu tun. Unsicherheit durch fehlende Informationen über die Marktentwicklung, die Zukunft im Allgemeinen und zusätzlich mit Unsicherheit über Präferenzen. Denn während Sie beim Urlaubsziel schnell Präferenzen bilden können, müssen Sie beim Kühlschrank womöglich länger überlegen, ob Sie so einen gerne hätten und wozu. Unter großer Unsicherheit liefern statistische Mittelwerte häufig die besseren Einschätzungen, vorausgesetzt die individuellen

Einschätzungen werden nicht diskutiert, sondern unabhängig voneinander erhoben.

Kollektive Intelligenz nennt man das, was dabei herauskommen kann. Wenn also eine Gruppe von Menschen mit ihren individuellen Meinungen und Ansichten im Schnitt zusammen schlauer sind als jeder einzelne innerhalb der Gruppe. Leider leben wir in einer Welt der Experten und Nicht-Experten und unser Vertrauen in die Meinung derjenigen, die sich auszukennen glauben, scheint grenzenlos und für mich oft sehr bedenklich.

Für die Einschätzung des Erfolgs einer Idee und damit die Einschätzung von Fortschritt und Innovation lohnt sich der Blick in jeden einzelnen Kopf, die Masse individueller Beurteilungen schlägt die einzelnen Expertenmeinungen oft bei weitem. Für Sie persönlich besteht natürlich selten die Chance 1000 Menschen zu Ihrer Idee zu befragen, aber Sie können versuchen mit vielen Menschen unabhängig voneinander über Ihre Ideen zu sprechen. Sie werden positive und negative Meinungen bekommen und statistisch gesehen werden die meisten Reaktionen daneben liegen. Wenn Sie also negatives Feedback bekommen, bedeutet das erst nach vielen Gesprächen eine Tendenz. Trotzdem neigen wir dazu schon nach wenigen negativen Kommentaren unsere Ideen über Bord zu werfen. Sich auf Statistik zu verlassen bedeutet also einzelne Daten zunächst zu ignorieren, weiter zu erheben und erst am Ende einen realistischen Blick auf das Gesamtergebnis zu werfen. Während der Sammlung von Einschätzungen lässt sich die durchschnittliche Einschätzung noch nicht absehen. Erst nach einer großen Menge unabhängiger Gespräche mit ganz unterschiedlichen Menschen lässt sich eine Tendenz ausmachen, auf die man setzen kann. Da dies mühselig und anstrengend ist wählen viele, auch viele Unternehmen, den Weg der

Experteneinschätzungen und gehen damit ein großes Risiko ein. Wir alle gehen damit das Risiko verpasster Chancen ein. Denn sicher ist Ihnen, genau wie mir, schon passiert, dass Sie Ihre eigene Idee nicht verfolgt haben und irgendwann jemand anderes mit der gleichen Idee Erfolg hat. Kein gutes Gefühl, gleichzeitig aber das beste Argument sich bei der Bewertung von Ideen nicht auf zu wenige Meinungen zu verlassen. Als Daumenregel nutze ich selbst, dass unter 30 unabhängigen Bewertungen keine zuverlässige Menge erreicht ist und die einzelnen Einschätzungen kaum Wert haben.

Wenn Sie also nach Einschätzungen suchen, befragen Sie viele am besten ganz unterschiedliche Menschen. Vertrauen Sie nicht auf Experten, aber wenn Sie einen treffen, dann fragen Sie nicht nur danach, "ob" Ihre Idee Erfolg haben wird, sondern vor allem, "wie" Ihre Idee zum Erfolg werden kann. Denn zu letzterem haben Experten dann doch oft wichtiges Input zu liefern.

Überzeugend: mit der Tür ins Gesicht

Sie sind in der Innenstadt beim Einkaufen als ein etwa 12 Jahre alter Junge in Pfadfinderkluft auf Sie zukommt und Sie ahnen bereits, dass es um eine Spende oder ähnliches geht. Der Junge spricht Sie an, sein Name sei Martin und er fragt Sie, ob Sie bereit wären eine Patenschaft für ein afrikanisches Waisenkind zu übernehmen, damit dieses zur Schule gehen könne. Sie fragen nach den Kosten und er antwortet, dass Sie bereits mit 120 Euro im Jahr einen großen Beitrag leisten könnten. Das ist Ihnen dann doch ein bisschen viel Verpflichtung, besonders so im Vorbeigehen auf der Straße. Sie erklären das dem Jungen, der sofort antwortet, dass er das verstehen kann. Im nächsten Moment hält er Ihnen eine Schachtel selbst gebackener Kekse hin und fragt Sie, ob Sie denn für 2 Euro pro Keks die Waisenkinder mit einer direkten Spende unterstützen würden. Sie nehmen zwei, bezahlen und ziehen weiter.

Robert Cialdini[17] hat dieses Experiment durchgeführt um die Psychologie der Beeinflussung zu untersuchen. Was er fand, ist faszinierend. Stellen Sie sich vor der Pfadfinder hätte Ihnen nichts von der Patenschaft erzählt, sondern direkt die Kekse angeboten. Hätten Sie dann welche gekauft? Für die meisten Leute macht es einen großen Unterschied, ob Sie zunächst für die Patenschaft begeistert werden sollen oder nicht. Die Kekse werden nicht annähernd so häufig verkauft, wenn Leute auf der Straße direkt gefragt werden, ob sie welche möchten. Die Patenschaft ist wie eine Tür ins Gesicht zu bekommen und so wird der Effekt auch genannt.

Beim Überzeugen geht es oft um Beeinflussung und viele Menschen verlassen sich zu sehr darauf, dass Ideen für sich selbst sprechen. Ich bereite viele StartUps auf Investorengespräche vor und eine Tatsache ist überdeutlich: es sind nicht die Ideen, die überzeugen. Es sind die Menschen mit ihren Ideen. Wenn wir andere von unseren Ideen überzeugen wollen, wählen wir häufig die "Tür ins Gesicht"- Strategie. Damit überfordern wir unser Gegenüber, stellen das Problem nicht klar genug dar und verpassen unsere Chance Zustimmung zu erhalten. Wir alle haben schon tausende (gute) Ideen sterben sehen, weil sie nicht auf den Punkt gebracht waren.

Innovatoren hören nicht da auf, wo ihre Idee eine Form angenommen hat, mit der sie selbst zufrieden sind. Innovatoren hören erst auf, wenn die Idee eine Form hat, die andere Menschen annehmen können. Anders gesagt, es ist möglicherweise nicht Ihre Schuld, dass Ihre Ideen nicht immer ernst genommen werden, aber es ist Ihre Verantwortung etwas dafür zu tun, dass Menschen Sie ernst nehmen. Das schulden Sie Ihren Ideen.

Sorgen Sie dafür, dass Ihre Ideen einfach zu verstehen sind. Stellen Sie gute Fragen, die Sie selbst beantworten. Bleiben Sie konkret und bildhaft, aber zeigen Sie auch, dass Sie das große Ganze im Blickhaben. Bieten Sie Zuhörern Inhalte, die zu deren Denkgewohnheiten passen. Sprechen Sie die Sprache Ihres Gegenübers. Spielen Sie mit Emotionen und erzählen Sie Stories für intuitive Zuhörer, bieten Sie Zahlen und Fakten für analytische Denker. Balancieren Sie Zweifel an Ihrer Idee mit Selbstüberschätzung aus und begeistern Sie durch Ehrlichkeit. Nichts ist überzeugender als wenn Sie authentisch über Ihre Idee sprechen können ohne das Gefühl zu haben, Sie müssten Ihre Idee verkaufen.

Unvorstellbar: Ignoriert, belächelt, bekämpft und gewonnen

„Zuerst ignorieren sie dich, dann lachen sie über dich, dann bekämpfen sie dich und dann gewinnst du.“ sagt Mahatma Gandhi. Wenn auch in einem vollkommen anderen Kontext, können wir uns vorstellen, dass ein Mann im August 2014 ganz ähnliche Gedanken pflegt: Amazon-Chef Jeff Bezos wird attackiert von wütenden Autoren, erst in den USA, dann auch in Deutschland. Manipulation von Rankings und Monopolisierung wird Amazon vorgeworfen. Jeff Bezos bleibt bisher ruhig und spricht wiederholt davon, dass Bücher billiger werden müssen, da sie mit anderen Medien konkurrieren. Abgesehen von der Frage, was die Großmacht Amazon richtig oder falsch macht, stellt sich die Frage, wie es soweit überhaupt kommen konnte. Warum hat Amazon nicht schon früher Aufmerksamkeit erregt? Warum lassen wir einen Konzern wachsen, der Autoren bedroht, beginnen den Protest aber erst, wenn wir seine Macht zu spüren bekommen? Warum ignorieren und belächeln wir Ideen, aus denen Innovationen und schließlich marktbeherrschende Unternehmen werden, bevor wir sie verzweifelt bekämpfen und meistens verlieren?

Ebenfalls im August 2014 haben Berliner Taxiverbände rechtlich dafür gesorgt, dass Uber in der Stadt aufgrund von Sicherheitsbedenken nicht erlaubt wird. Das 2009 in San Francisco gegründete Unternehmen bietet Privatpersonen die Möglichkeit mit dem eigenen Auto Personen gegen Geld von A nach B zu transportieren, was Taxis eben tun. In München, Frankfurt, Hamburg und Düsseldorf sind Uber-Taxis bereits im Einsatz und vermutlich ist das auch in Berlin nur eine Frage der Zeit. Am 11. Juni 2014 hatten Londoner Taxifahrer die gesamte Innenstadt lahm gelegt, aus Protest gegen Uber. Weltweit schlossen sich Taxiverbände an.

Unbestritten stellt Uber eine akute Bedrohung für Taxifahrer in der ganzen Welt dar. Wieder stellt sich die Frage, wie es soweit kommen konnte. Erst ignoriert, dann belächelt und schließlich mit rund 17 Milliarden US-Dollar bepreist ist Uber heute mehr wert als Audi und BMW zusammen. Es ist schwer vorstellbar, dass dieses 5 Jahre alte "StartUp" in absehbarer Zeit aufgehalten wird und aufgibt. Wie kommt es, dass Taxiverbände erst jetzt reagieren? Ist es wirklich unvorhersehbar, wann, wo und wie diese disruptiven Businessmodelle zuschlagen und ihre Opfer fordern?

Als Kognitionspsychologen interessiert mich, wie Menschen aus den Informationen, die ihnen zur Verfügung stehen ihre Schlüsse ziehen, Vorhersagen wagen und Entscheidungen treffen. Beim Bewerten von Ideen, beim Abschätzen von Zukunftspotenzial und Machbarkeit von Innovationen sowie beim Vorhersagen von Trends nehmen wir Menschen mentale Abkürzungen und schätzend die Lage oft völlig falsch ein. So kann es passieren, dass wir fälschlicherweise aus der Tatsache, dass es schon immer Taxis gab, schließen, dass es auch immer Taxis geben wird. Oder dass es immer Bücher geben wird, die von Verlagen betreut werden. Eine Ursache für unsere Überzeugungen liegt in unserer Fixiertheit auf Muster.

Menschen sehen Muster und Strukturen, wo oft gar keine sind. Wenn wir zurückblicken auf die vergangenen Jahrzehnte voller Innovationen, scheint es so als ob alles genau so kommen musste wie es heute ist. Die Entwicklung des Internets war die logische Antwort auf unser Bedürfnis globaler Vernetzung, Google war die Reaktion auf einen unübersichtlichen Wust aus Informationen, in dem man ewig suchen musste um etwas zu finden und Facebook war der logische nächste Schritt der sozialen Vernetzung online. Eine Idee baut auf der nächsten auf und die einzelnen Stufen hätte man doch vorhersehen können. Unser Gefühl einer logischen Abfolge von Events und einer Sinn erfüllenden Konsistenz in unserer Ideengeschichte ist zum großen Teil Illusion, die schon dadurch deutlich wird, dass tatsächliche Entwicklungen kaum vorhersagbar sind. Selbst den Zusammenbruch des globalen Finanzmarktes in 2008 hatte - mit wenigen Ausnahmen - kaum jemand vorhergesehen. Im Nachhinein aber erscheint es vollkommen logisch, dass es zum Zusammenbruch kommen musste. Hindsight Bias heißt diese kognitive Verzerrung in der Psychologie. Wir finden in vergangenen Events eine Logik, die uns so plausibel erscheint, dass wir aus ihr eine Vorhersage wagen, was als nächstes passiert. Besonders Experten liegen mit ihren Vorhersagen oft daneben, sind sich aber sicher, dass sie Recht haben.

Der Status Quo Bias sorgt dafür, dass wir den gegenwärtigen Stand der Dinge als gut empfinden und jede Änderung als Verlust. Gleichzeitig sorgt der Confirmation Bias dafür, dass wir nach Belegen suchen, die unsere Sicht der Dinge bestätigen und wir ignorieren, was dagegen spricht. Wishful Thinking gibt dem Ganzen den Rest und sorgt dafür, dass wir uns lieber mit dem beschäftigen, was hoffentlich passieren wird als mit dem, was wahrscheinlich passiert.

Wird es in naher Zukunft noch Fernseher geben? Oder wird Netflix den globalen Markt erobern? Wird es noch gedruckte Bücher geben oder killt Amazon diese Sparte irgendwann? Werden wir so lernen wie wir es heute tun? Wird es Universitäten und Schulen noch geben? Oder lösen MOOCs diese Systeme ab? Wird AirBnb die Hotelindustrie zerstören? Nur weil wir uns einen Zustand der Welt schwer vorstellen können, heißt das nicht, dass er nicht eintrifft. Es bedeutet nicht einmal, dass diese Zukunft unwahrscheinlicher ist als eine, die wir uns vorstellen können. Unser Gehirn ist nicht dafür gemacht solch komplexe Vorhersagen zu machen. Es ist dafür gemacht mit ihnen zu leben. Wir sind programmiert neue Ideen zu ignorieren, sie dann zu belächeln, sie möglicherweise zu bekämpfen und letztendlich zu denken, dass es ja so kommen musste. Unsere Aufgabe ist es mehr denn je zuvor unser eigenes Denken zu hinterfragen und unseren Prognosen und Einschätzungen zu misstrauen. Wir leben in einer Zeit, in der Institutionen wie Tageszeitungen, Verlage, Universitäten, Taxis, Videotheken und Hotels von heute auf morgen verschwinden können und wir das im Nachhinein für unausweichlich halten. Ob wir das gut oder schlecht finden, sei dahin gestellt. Aber wenn wir unsere Zukunft gestalten wollen, dann müssen wir damit anfangen unser eigenes Denken zu ändern und beginnen uns das Unvorstellbare vorzustellen.

ÜBER DEN AUTOR

Nach Froschungsprojekten zur Innovationskultur bei Google und Unternehmen im Biotechnologieumfeld, arbeitet Christoph Burkhardt seit 2010 an der Schnittstelle der kognitiven Psychologie und der Praxis in Unternehmen. Christoph Burkhardt entwickelt praxisnahe Workshops und Impulsvorträge für Organisationen, die ihr kreatives Potenzial voll ausschöpfen wollen.

Seit seinem Masterabschluss an der London School of Economics (LSE) hält Christoph Burkhardt Vorträge zur Evolution von Ideen in ganz Europa. Humorvoll und wissenschaftlich fundiert bringt er die wichtigsten Erkenntnisse der Innovationsforschung in Unternehmen, die nach kreativen Lösungen suchen. Für seine Vorträge wurde er mit dem Newcomer Award 2014 der German Speakers Association ausgezeichnet. Christoph Burkhardt promoviert derzeit an der LMU München, arbeitet an verschiedenen europäischen Spitzenuniversitäten wie der ETH Zürich und der RWTH Aachen und berät Unternehmen wie Siemens und Lufthansa.

www.christoph-burkhardt.com
mail@christoph-burkhardt.com

[1] Ariely, D. (2008). *Predictably irrational* (p. 20). New York: HarperCollins.

[2] Mehr zu implizitem Wissen: Nonaka, I., & Takeuchi, H. (1995). *The knowledge-creating company: How Japanese companies create the dynamics of innovation.* Oxford university press.

[3] Ridley, M., & Ganser, L. J. (2010). *The rational optimist: How prosperity evolves.* London: Fourth estate.

[4] Kahneman, D. (2011). *Thinking, fast and slow.* Macmillan.

[5] Wilson, T. D., & Gilbert, D. T. (2003). Affective Forecasting. *Advances in Experimental Social Psychology, 35*, 345-411.

[6] Sternberg, R. J. (Ed.). (1999). *Handbook of creativity.* Cambridge University Press.

[7] Gladwell, M. (2008). *Outliers: The story of success.* Penguin UK.

[8] Gilovich, T., Griffin, D., & Kahneman, D. (Eds.). (2002). *Heuristics and biases: The psychology of intuitive judgment.* Cambridge University Press.

[9] Gigerenzer, G., & Todd, P. M. (1999). *Simple heuristics that make us smart.* Oxford University Press.

[10] Damasio, A. R., Tranel, D., & Damasio, H. (1991). Somatic markers and the guidance of behavior: Theory and preliminary testing. *Frontal lobe function and dysfunction*, 217-229.

[11] Morris, M. W., & Larrick, R. P. (1995). When one cause casts doubt on another: A normative analysis of discounting in causal attribution. *Psychological Review, 102*(2), 331.

[12] Für interessante Untersuchungen zur Theory of Mind: Perner, J. (1991). *Understanding the representational mind.* The MIT Press.

[13] Hardin, C. D., & Higgins, E. T. (1996). Shared reality: How social verification makes the subjective objective. In E.T. Higgins & R.M. Sorrentino (Eds.), *Handbook of motivation and cognition, Vol. 3: The interpersonal context.* (pp. 28-84). New York: Guilford Press.

[14] Taleb, N. N. (2012). *Antifragile: things that gain from disorder.* Random House LLC.

[15] Stasser, G., & Titus, W. (2003). Hidden profiles: A brief history. *Psychological Inquiry, 14*(3-4), 304-313.

[16] Alain de Botton hat genau das getan: http://www.theschooloflife.com/

[17] Cialdini, R. B. (1993). *Influence: The psychology of persuasion.* New York: Hraper Collins.

28794638R00076

Printed in Poland
by Amazon Fulfillment
Poland Sp. z o.o., Wrocław